AF544133

ISBN: 978-3-946315-40-7
Lektorat: Theresia de Jong
Korrektorat: Daniel de Jong
Covergestaltung: Catherine Eschweiler
Zeichnungen: Catherine Eschweiler
Layout, Satz: Sonic Aether

März 2024
Einklang Verlag
Printed in Germany

Catherine Eschweiler

Die Wieder-entdeckung meiner Stille

In liebevollem Gedenken
an meine geliebte Oma Erika

Sie schickte mir im Traum die wohl
wichtigsten Worte für mein Leben
- lebe, liebe, atme -

Danke für deine Liebe
und die große Aufgabe
für mein Leben

Inhalt

Vorwort 9

Vorwort von Johanna Tiefenbeck 10

I. Aufbruch ins Neue 13

Die Medizinwanderung 14

Tag 1 – Die Ankunft im Tessin 25

Tag 2 – Der Aufstieg 28

Tag 3 – Auf dem Berg 39

Tag 4 – Die Stillezeit beginnt 46

Tag 5 – Ein neuer Morgen inmitten der Natur 49

Tag 6 – Aufbruch ins Neue 62

Tag 7 – Abschied vom Berg 76

Tag 8 – Der heilende Frauenkreis 84

Tag 9 – Der Abschied 95

Meine Heldenreise – Wer bin ich ab jetzt? 102

Epilog 104

II. Trau dir selbst das Größte zu 105

Jetzt geht meine Reise erst richtig los 106

Die Ankunft zu Hause 107

Die Suche nach meinem Weg 109

Hingabe oder Aufgabe 113

Inneres Kind heilen 116

Vergebung 119

In der Stille fand ich Gott 122

Körper Geist Seele im Einklang 126

Allein im Wald 130

Die Visionssuche 134

Gefühle und Empfindungen befreien – werde frei und vergebe 136
In Liebe annehmen was ist 137
Fest verwurzelt im eigenen Selbst 139
Der Stille immer wieder Raum geben 140
Das Drama verlassen 142
Vertrauen 144
Dankbarkeit 149
In Einfachheit leben 151
Die Wildheit in mir will leben 155
Zurück zur wilden Natur 156
Glaube 158
Glaube an Wunder 161
Sprache des Herzens – Die Liebe in allem finden 162
Loslassen und Neues wagen 167
Aufbruch ins Neue – das Unbekannte lieben lernen 169
Was ist für dich ein gut gelebtes Leben? 170
Epilog 174
Danksagung 176
Stillemeditation 180
Über die Autorin 181
Was ist eine Visionssuche? 182
Über Johanna Tiefenbeck: 182
Quellenverweise 184

Vorwort

Wenn Stille zu mir findet, kann Heilung entstehen, Frieden wirken und ich kann ganz werden.

Diese meine Reise ist bewegend und klar und sie ist so, wie ich mich ihr widme. Wenn ich mit Freude und Leichtigkeit daran gehe, werde ich Freude und Leichtigkeit empfinden. Gehe ich mit Angst und Sorge daran, werde ich viele sorgenvolle Momente durchleben.

Das Leben schenkt dir genau immer das, was du lernen darfst. Es lässt dich spüren, wo du Sorge trägst und wo du heilen darfst.

Diese Reise machte mir das unerwartet schönste und zugleich größte Geschenk. Die Wiederentdeckung meiner Stille und die Rückverbindung mit der Natur. Sie schenkte mir einen neuen Blick auf mein zuvor schweres Leben. Erlöste mich von alten Dämonen und gab mir die Schönheit des Lebens zurück. Ich gewann neue Klarheit über mein Leben als Frau und durfte anderen Frauen auf herzvolle Weise begegnen.

Vorwort von Johanna Tiefenbeck

Schön, dass du dich für dieses Buch interessierst.

In diesen Seiten, die du nun in den Händen hältst, wirst du Zeuge*in einer außergewöhnlichen Reise, einer Reise zum Ursprung unseres Seins.

Du wirst den Atem der Schweizer Berge spüren und die endlosen Weiten der Natur wahrnehmen. Doch diese Reise ist weit mehr als nur ein Aufenthalt in einer atemberaubenden Landschaft. Es ist eine Reise nach Innen. Catherine nimmt uns mit auf ihre Visionssuche, die ich begleiten durfte, wofür ich sehr dankbar bin. Sie teilt mit uns ihre Erfahrungen und Erkenntnisse, die sie tief verändert haben.

Catherine ist eine Frau, die den Mut fand, sich ihren Ängsten zu stellen und sie dadurch transformieren konnte. Sie hat ihre Komfortzone verlassen, um den Pfad der Selbsterkenntnis und -reflexion zu betreten. Sie teilt mit uns ihre persönliche Erfahrung während dieser intensiven Visionssuche im Schweizer Tessin.

Eingehüllt in die Stille der Berge, begleitet von den klaren Bächen und dem sanften Rascheln der Blätter, fand sie ihren eigenen Weg zurück zu ihrem Herzen und dem Ruf ihrer Seele.

Es ist ein großartiges Geschenk, welches Catherine den Leser*innen dieses Buches macht. Möge es dein Herz berühren und deine Seele zum Singen bringen. Möge es dich dazu inspirieren, deinen eigenen Weg zu finden und deine Träume ins Dasein zu träumen.

Also los gehts, schnüre deine Wanderschuhe und bereite dich auf das Abenteuer ins Unbekannte vor.

Dir, liebe Catherine, möchte ich an dieser Stelle von Herzen Danke sagen, für deine Offenheit, deinen Mut, dich ungeschminkt zu zeigen und uns alle an deiner Visionssuche teilhaben zu lassen. Es ist ein Geschenk an die Welt.

Mögest du mit diesem Buch viele Menschen ermutigen und berühren, dem Ruf der Seele zu lauschen und Neues zu wagen.

Herzlichst Johanna Tiefenbeck von turya.eu

I.
Aufbruch ins Neue

Die Medizinwanderung

Das unbekannte Abenteuer sollte starten. Eine Reise zu mir selbst und den Geheimnissen der Natur - unter dieser Prämisse stand meine Bereitschaft mich einzulassen.

Johanna, die Organisatorin der Reise, schrieb mir vor Beginn, dass es die wichtigste Reise eines jeden Menschen sei. Dass der Geist sich bereits davor darauf einstellt, und ich auf meine Träume, Gedanken und Inspirationen achten sollte. Mit wachem Blick den Raum des Nichtwissens darüber achten dürfte, was mir dort oben auf dem Berg begegnen würde. Wer auf eine Visionssuche geht, würde die Bereitschaft brauchen, etwas anderes zu empfangen, als das, was er sich vorgestellt hatte.

Vor der eigentlichen Reise sollte ich eine Medizinwanderung unternehmen, um mich dem, was auf mich zukommt, langsam zu öffnen und mich darauf einzustellen. Es hieß weiter: „Du gehst morgens, möglichst bei Sonnenaufgang los, du hast kein Ziel im Sinn, du folgst einfach deiner Intuition. Du gehst, du schaust, du lauscht, du sitzt und gehst natürlich allein. Schweigend und fastend folgst zu deinem Innersten. Vielleicht hast du Fragen, du erforscht sie nicht, du trägst sie in dir – vielleicht taucht eine Antwort auf – vielleicht auch nicht. Du kehrst erst bei Sonnenuntergang wieder zurück und schreibst deine Eindrücke in dein Visionstagebuch, welches du mit auf den Berg nimmst."

Andächtig lief ich an diesem Morgen los. Nichtwissend, was mich erwarten würde. Was mir begegnen und ob ich mir selbst auf einer anderen Art und Weise näherkommen würde. Ich lief ohne Eile und Hast, Schritt für Schritt den Berg hinauf Richtung Wald. Mir war warm an diesem Morgen. Die Sonne schlief noch hinter den Bäumen und die Luft war frisch und duftete klar und rein nach Fichten. Jeder Schritt den ich setzte fühlte sich dennoch schwer und behäbig an. Mir schien es, als würde ich eine riesige Last tragen. Lasten meiner Ahnen, meiner Selbst, meiner geliebten Oma?

Ich erinnerte mich daran, wie ich vor knapp zehn Jahren eine wahre Panik vor dem Wald bekam. Von einem auf den anderen Tag war sie plötzlich da. Ließ sich nicht wegdrücken, gar schönreden. Es schien mir unerklärlich. Ich konnte nicht mehr in den Wald, hatte Angst vor allem, vor der Dunkelheit des Waldes, vor den Geräuschen und den innewohnenden Geschöpfen und besonders vor der Stille. Wie gelähmt fühlte sich mein Zustand an und lange verstand ich nicht wieso. Vielleicht konnte die Reise mir dafür Heilung schenken.

Immer tiefer lief ich an diesem Morgen in den Wald. Viel hatte ich mit dieser damaligen Angst gearbeitet, doch schien sie nun sehr präsent nochmals hochzukommen.

Hier und da raschelte es im Unterholz. Es knackte, Äste zerbrachen und meine Beklommenheit nahm mehr und mehr zu. Unbeirrt lief ich jedoch weiter, denn etwas zog mich. Wie ein stiller Sog, der mich den Berg nach oben beförderte, und doch hatte ich eine leise Vorahnung, wo ich landen würde.

Die Dunkelheit um mich herum bescherte mir Gänsehaut. Ich spürte, wie mir abwechselnd heiß und wieder kalt wurde. Es schien mir fast, als würde sie immer näherkommen. Mich packen zu wollen. Die düsteren Bäume, Äste, Zweige, die dichte Dunkelheit: Alles wirbelte meine Gedanken angstvoll durcheinander. Ich blickte in die Abgeschiedenheit meines Weges und sah, wie aufsteigender Nebel langsam aus dem Unterholz auf mich zu krabbelte. Es schien mir, als würden sich daraus Gestalten formen, die wabernd immer näher kamen. Sie tänzelten gehässig um mich herum, und meine Gedanken ritten durch meinen Kopf, wie wild gewordene Pferde.

Dann blieb ich stehen. Bewusst, ganz präsent atmete ich langsam und gleichmäßig. Ich musste mich beruhigen, die Enge in meinem zugeschnürten Hals lösen, um weiter gehen zu können. Ich atmete mit geschlossenen Augen in die Dunkelheit. Ein und wieder aus. Ganz langsam, um meine Angst unter Kontrolle zu bekommen und nicht noch Panik daraus werden zu lassen.

Langsam beruhigte ich mich wieder und meine wild gewordenen Phantasien spielten mir keine weiteren Streiche. Ich setzte meinen Weg fort und beobachtete meine Gedanken. Wie kam es, dass ich hier draußen im Wald vom Allerschlimmsten ausgehen würde? Woher kamen diese schrecklich düsteren und zerstörerischen Gedanken? Fragen um Fragen verstopften meinen müden und trägen Kopf. Ich ließ sie gewähren und wieder ziehen. Ließ einfach zu, dass sie an mir zupften und ging unbeirrt den Weg weiter.

Der Wald um mich herum wurde immer dichter, dunkler. Ich lief auf eine vor mir liegende Lichtung zu. Hier und da kreischte ein Vogel, verärgert, aufgeregt, wütend, wie eine Warnung, die er an den Wald abgeben wollte. War ich ein Eindringling? War ich ungebeten eingetreten und nicht willkommen?

Meine Schritte lösten knackend hallende Geräusche aus, ich lief gedankenverloren immer weiter und fand mich plötzlich wie durch Zauberhand in einem Feld grünen, dichten Mooses wieder. Der Boden fühlte sich weich und wohlig an. Langsam lugten erste Lichtstrahlen durch die verstreut stehenden Fichten.

Der ausgetretene Waldweg lag einiges von mir entfernt, und plötzlich vernahm ich ein brummend ratterndes Geräusch. Es kam näher und näher und wurde unaufhörlich lauter. Mechanisch scheppernd knatterte es durch den Wald. Ein bedrückendes Gefühl stieg in mir auf. Es war beklemmend und ich empfand Hilflosigkeit, gefolgt von rasender Angst. Ich konnte kaum atmen, so als würde mir die Situation jegliche Luft nehmen. Näher und näher donnerte das Fahrzeug auf dem Waldweg in meine Richtung. Und dann hielt es mit einem Mal. Ein innerer Impuls forderte mich dazu auf, mich sofort zu ducken. Die Tür öffnete sich und wurde heftig ins Schloss zurückgeworfen. Noch immer saß ich geduckt im Dickicht und beobachtet das Geschehen. Mein Herz pochte bis zum Hals und immer wieder spielte meine Fantasie vollkommen verrückt mit mir. Wieso nahm mich das so mit, und wieso hatte ich eine derartige Angst, als würde ich verfolgt werden.

Es knackte, Äste brachen, Schritte kamen näher in meine Richtung, hielten mal an, stoppten abrupt. In mir stiegen die düstersten Gedanken hoch. Es fühlte sich gar an, als wäre ich von etwas besetzt. Als würde diese Empfindung nicht zu mir gehören. Als würde ich sie nochmals für jemand anderen durchleben. Ich atmete schwer und bekam kaum Luft, so sehr nahm mich die Situation mit. Immer wieder schaute ich in Richtung des Fahrzeuges, horchte auf die Stimmen, die langsam immer mehr verstummten. Bis dann endlich die Fahrertür wieder geöffnet wurde und das Fahrzeug sich mit einem rasanten Getöse in Bewegung setzte. Erleichtert und etwas verstört atmete ich auf. Ich blickte um mich und beobachtete die funkelnden Lichtstrahlen, die durch die Fichten blitzten. Vollkommen aufgelöst schnellten Fragen durch meinen Kopf. Wie konnte mir das so unglaublich viel Angst bereiten? Durchlebte ich erneut etwas durch meine Ahnen? Auf was sollte ich stoßen? Es war, als wollte mir das Geschehene eine wichtige Botschaft mitgeben.

Langsam erhob ich mich aus dem verzweigten Unterschlupf und setzte mich angsterfüllt auf einen Baumstumpf. Ich fühlte mich elend, wie gefangen, und in diesem Moment brach alles aus mir heraus. Dicke Tränen liefen mir unaufhörlich die Wangen hinab. Ich schluchzte, Tränen tropften wieder und wieder auf meine Jacke. Wimmernd saß ich wie versteinert auf dieser Lichtung. Ich fühlte mich nackt, hilflos, gebrochen.

Wie sollte ich das weiterhin schaffen? Wie konnte ich weitergehen, wenn mich schon jetzt eine derartige Situation so aus der Bahn warf?

Ich bin es nicht mehr gewohnt, sichtbar ausgetretene Waldwege zu verlassen. Direkt durch das Unterholz zu laufen, ohne dass mir ein Wegweiser zeigt wo es langgeht. Es macht mir Angst und lähmt mich. Nimmt mir die Luft zum Atmen und das sichere Gefühl beschützt zu sein. Und vielleicht ist genau diese Begebenheit ein so wichtiges Zeichen für mich und mein Leben. Neue Wege zu gehen, sich mutig dem Unbekannten hinzuwenden. Neue unentdeckte innere Qualitäten zu entdecken, die schlummernd auf ihren Einsatz warten.

Ich nahm all meinen Mut zusammen und setzte meine Reisen fort. Nach und nach wich die Angst und wurde durch frische neue Energie ersetzt. Innere aufkommende Ruhe und Klarheit erfüllten mich mit neuem Lebensmut.

Der Morgen erwachte durch lautes Gezwitscher und von überall her kamen die verrücktesten Laute. Mal schrilles Gepipse, mal melodisches Gezirpe, mal brüllend laute Schreie. Es hatte etwas von einem heimischen Dschungel.

Ich atmete gleichmäßig, ganz ruhig. Schritt für Schritt folgte ich dem Weg. Folgte dem Pfad hinauf in Richtung des vor mir liegenden Berges. Jeder Schritt erschwerte mir den Aufstieg. Ich zitterte, Hitze und Kälte krabbelten mir gleichsam über alle Glieder. Mein geschwächter müder Körper schwankte vor Kälte und ich setzte mich erschöpft auf die dortige Bank. Gedankenverloren schweifte mein Blick über die Baumkronen. Das Siebengebirge lag mir zu Füßen und ich fühlte in mir eine Art Demut, tiefe Dankbarkeit für diesen wundersam heiligen

Ort. Alles schien noch schlafend zu ruhen. Kaum ein menschengemachtes Geräusch war zu hören. Ganz ruhig lag die Stadt vor mir noch in tiefem Schlaf.

Aus meinem Rucksack zog ich unterdes meine Thermoskanne mit heißem Tee und die mitgebrachte Decke hervor. Eingehüllt trank ich kleine Schlückchen und beobachtete den herannahenden Morgen. Die Sonne lugte langsam über den Rand des Horizonts, tauchte die grünen Kronen der Bäume in ein zart rosafarbenes Licht. Jetzt und hier fühlte ich in der Stille des Morgens allumfassende Schönheit und Reinheit. Ich war beseelt und fühlte mich vollkommen geborgen auf dem thronenden Rücken des steinernen Bergmassivs.

Von der wilden Schönheit übermannt, überkam mich langsam eine tiefe Müdigkeit. Und so fiel ich in einen leichten, halb wachen Schlaf. Mal träumte ich, mal saß ich schläfrig dämmernd da. Alles schien unwirklich, gar von gellender Fantasterei umgeben. Wild zerrissene Fetzen aus verwirrenden Bildern präsentierten sich mir. Ich konnte sie kaum zuordnen, geschweige denn deuten und so verbrachte ich einige Stunden halb schlafend auf der Bank hoch oben am Berg.

Es war gegen Mittag, als ich meine Augen langsam wieder öffnete. Ich musste einige Stunden in diesem Wachschlaf verbracht haben und konnte mich kaum an Bilder oder Träume erinnern. Nur dieser aufkommende Gedanke schien einen Sinn zu haben. Ich brauchte den Überblick, um mich sicher und geborgen zu fühlen.

Ich brauchte die Weite, die Distanz, um eine neue Sichtweise zu erlangen. Den Abstand, um wieder mit gestärkter Energie mein Leben leben zu können.

Fröstelnd und zugleich schläfrig packte ich meine Sachen zusammen und trat den Abstieg an. Das Fasten, so merkte ich, war mit mir allein, hier draußen, leichter. Denn ohne die äußerliche Ablenkung konnte ich ganz zu mir finden und die Klärung, die es mit sich brachte, annehmen. Ich spürte, wie sehr ich diese Entgiftung gebraucht hatte, wie ich an Kraft gewann und so schien es mir, als würde sich mein Körper neu sortieren.

So lief ich in mir ruhend weiter durch den Wald. Gezogen von einer unsichtbaren Kraft. Einem magnetischen Sog, der den für mich passenden Platz bereit hielt. Ich lief unwegsame Pfade entlang, wurde immer mutiger und verlor komplett das Gefühl für Zeit und Raum. Es musste nachmittags sein, denn die Sonne hatte gedreht und schien aus schrägen Winkeln durch den schattigen Wald. Die Strahlen fielen wie leuchtende Silberpfeile vereinzelt durch die mächtigen Eichenbäume. Sie schienen sich zu duellieren und stachen gewaltig in den Erdboden. Ein zauberhaftes Momentum inmitten dieses mystisch verwegenen Waldstückes.

Allein, ich, inmitten der Natur. Ein seltsam wechselndes Gefühl zwischen Vertrautheit und nackter Angst. Mal setzte ich mich, mal lief ich. Ich folgte den Gesetzmäßigkeiten der Natur und dem Feld des Waldes. Schlief vereinzelt oder saß Stunden beobachtend inmitten des Waldes, vollkommen ruhend oder entblößt, verängstigt einfach nur da. Der Tag war ein auf und ab zwischen Gefühlen, Empfindungen, von Langeweile und innerer Eile, von Entspannung, tiefer Verbundenheit und Liebe zur Natur in mir selbst.

Immer wieder suchten mich neugierig die Tiere des Waldes auf. Beäugten mich und es schien, als hätten allesamt mir etwas Wichtiges zu sagen oder würden mit mir kommunizieren wollen. An diesem Tag begleitete mich der Bussard auf all meinen Wegen. Er zog Kreise über mich oder saß bewegungslos auf Baumstümpfen. Er ist mein Krafttier, mein liebgewonnener Beschützer und Hüter. Er taucht auf, wenn ich draußen in der Natur wandere und erinnert mich jedes Mal an seine wichtige Botschaft:

> *„Der Bussard kommt in dein Leben und bringt dir Präsenz, Klarheit und Fokus. Es liegt an dir, dass das Alte gehen darf und das Neue so richtig viel Platz bekommt. Worauf richtest du dich aus? Meditiere viel. Sei beim Atmen und alles geht und kommt von alleine."*[1]

Langsam kehrte wieder Ruhe in den geschäftigen Wald ein. Es war erstaunlich, wie wach und präsent ich war. Geleert von wirren Gedanken und vollkommen angebunden, eins mit der Natur.

Gegen Abend zog es mich an einen kleinen Bachlauf. Ich war dem ausgetrockneten Rinnsal gefolgt und wurde wie magisch an diesen Platz gezogen. Still setzte ich mich hockend auf den Waldboden. Ich fühlte mich wie ein unentdeckter Krieger, ein stiller Hüter des Waldes. Und so passierte etwas sehr Bezauberndes. Ich beobachtete die Landschaft und nahm plötzlich zwei Tiere vor mir wahr.

Eine Ricke mit ihrem neugeborenen Kitz. Achtlos streiften sie vor mir durchs Dickicht. Sie waren so nah, so greifbar vor meinen Augen. Kaum zehn Meter von mir entfernt. Sie schienen mich nicht wahrzunehmen. Aßen junge Triebe und blickten ab und an auf. Schauten sich um und blieben dennoch vollkommen ruhend in sich. Ich war verblüfft und sprachlos zugleich. War ich bereits Teil des Waldes geworden? War ich eins mit der Natur, mit den Tieren, dem natürlichen Feld? Reglos saß ich lange dort und beobachtete diese vollkommene Schönheit, dieses liebevolle Miteinander zwischen zwei wunderschön anmutigen und normalerweise schreckhaften Tieren.

So nahm der Tag langsam ein Ende. Die Sonne tauchte in ihre schönsten Farben und zauberte ein Farbspektakel auf den heranziehenden Abendhimmel. An einer Anhöhe verweilte ich, bis die Sonne den Horizont küsste und resümierte über den vergangenen Tag. Die wichtigsten Erkenntnisse schrieb ich in mein Tagebuch, das ich auf meiner Reise mitgenommen hatte:

Ich darf mich immer wieder verbinden, denn Mama Erde löst dich von Gedanken, die in deinem Kopf vielfach kreisen. Ich habe meine Angst Mama Erde gegeben. Ich darf anfangen meinen Weg zu gehen und darf mein eigenes Tempo gehen. Ich darf Erfolge feiern, sie genüsslich auskosten. Ich darf mich fallen lassen und einfach nur sein.

Ich bin ein Teil des Waldes geworden, denn sogar die Tiere nehmen mich kaum wahr. Ich besiege die Angst in meinem Kopf, wenn ich mich ihr zuwende, bin mutig, stark und beeindruckt von mir selbst.

Mein starker Wille wird mich tragen. Ich bin mehr als ich denke. Alles ist da. Immer.

Alles jetzt ist richtig hier.

Alles kommt zur rechten Zeit.

Alles geht, wenn die Zeit ist reif.

Alles bleibt, wenn´s bleiben darf.

Alles zur rechten Zeit.

Nun war ich vorbereitet auf das wohl größte Abenteuer in meinem Leben.

Tag 1 – Die Ankunft im Tessin

Meine Reise begann mit einem mulmig ungeduldigen Gefühl in mir. Was wird mich erwarten? Was für Frauen werden mir mit ihren Geschichten begegnen? Werde ich mich trauen, mir selbst roh und nackt zu begegnen, oder werde ich mein Herz verschlossen lassen?

Ich kam nach einer langen mit Musik untermalten Fahrt in der Schweiz an und trug den Gedanken in mir, mehr Leichtigkeit in mein Leben einzuladen, mir selbst wieder auf einfühlsame Weise mit vollem Sein offen zu begegnen und mich zu spüren.

Die alten Muster und Glaubenssätze hatte ich allerdings auch im Gepäck und so ließ ich mich nach langer Zeit wieder darauf ein, etwas Neues auszuprobieren. Ich hätte weiterfahren können, ich hätte bis zu meinem Ziel durchfahren können, als eine kleine zarte Stimme zu mir flüsterte. Nein. Und das Nein war neu.

Was ist, wenn ich mich auf Neues einlasse und Neues zulasse? Was passiert dann mit mir?

Vielleicht klingt es banal, sonderbar, einfach und unscheinbar.

Ich traf die Entscheidung, die Autobahn vor meinem Ziel zu verlassen und eine Pause einzulegen. Meine Route führte mich über Lausanne, entlang eines Sees und ich entschied: Hier möchte ich einen Moment verharren.

Ein neues Gefühl für mich. Pause. Ein mir verborgenes Wort, ein Zustand den ich lange nicht mehr gespürt und an mich herangelassen hatte.

So fand ich diesen zauberhaften Ort, einen Platz am See, der bläulich glitzernd strahlte. Ich setze mich in ein nah am Wasser gelegenes Restaurant und lauschte dem Wasser, dem Treiben am kleinen Hafen, den lautstark, heiteren Gesprächen der Menschen um mich herum und entdeckte mich.

Allein mit mir, so ein wunderbar neues, schönes, warmes Gefühl. So lange hatte ich mich selbst ignoriert und mich nicht mehr empfunden. Hatte die Bedürfnisse anderer in den Vordergrund gestellt und mich vergessen.

Vor meiner anstehenden Fastenzeit bestellte ich mir einen Teller Bruscetta, einen Salat und etwas zu trinken. Mit sehnsüchtigem Blick auf den See erkannte ich die Schönheit in diesem Moment. Ich erkannte mich, ich erkannte die sehnend fragwürdigen Blicke so Vieler. Besonders so vieler Frauen, und ich konnte ihre Gedanken erahnen.

Was macht sie so ganz allein?

Wurde sie versetzt?

In den starren und fragenden Blicken erkannte ich aber auch ihre eigene Sehnsucht. Nur mit sich zu sein. Voller Genuss aß ich meine Mahlzeit, die wohltuend und bekömmlich war und trank genüsslich kleine Schlückchen des köstlichen Getränkes. Mit sattem Gefühl und dem neuen Drang in mir, mich wieder selbst zu entdecken, setze ich meine Reise fort. Die Natur bot mir ein Schauspiel am Himmel, rotdurchtränkt lag der Himmel satt über den Gipfeln und der Weg schlängelte sich durch einsame, malerisch verlassene Dorfketten.

Angekommen im Tessin stockte mein Atem. Sprachlos über diese atemberaubende Schönheit der Landschaft, dieser mächtigen weitläufigen Berge und der wohltuenden Stille wurde ich demütig und dankbar.

Wo war ich? Was würde auf mich zukommen? Konnte ich mich auf diese Reise einlassen? Was zum Teufel hatte mich geritten, diese Visionssuche zu buchen? Ich hatte doch schon vor Jahren eine Reise mit mir allein gemacht, warum hatte ich diesmal Sorge und Zweifel? War es vielleicht die Stille und Einsamkeit, in der ich mir selbst begegnen sollte?

Den Fragen lauschend suchte ich mir an diesem Abend einen Platz zum Schlafen und fand ihn abgelegen von diesem kleinen Bergdorf, in dem morgen alles starten sollte. Es wurde ein kleiner lauschiger Waldcampingparkplatz, der umsäumt war von alten Mutterbäumen, mitten in der Senke des Tals. Der abgeschiedene Parkplatz verlief entlang der Serpentinenstraße und wurde bereits von vielen anderen Urlaubern und Campern besucht.

Zum ersten Mal in meinem Leben schlief ich an diesem Abend in einem Auto, draußen in der Wildnis. Mir wurde etwas mulmig, als ich von innen das Auto verriegelte und durch den geöffneten Spalt der Fensterscheibe leise Laute einer Eule vernahm und der Wind in den Ästen der Bäume säuselte.

Ein ungewöhnlich neues Gefühl schenkte mir in dieser Nacht Halt und Vertrauen und ließ mich sanft einschlafen.

Mein Schlaf spiegelte meine fiebrige Aufregung. Unruhig und wild drehte ich mich immer wieder von einer Seite zur anderen. Dabei knisterte mein Schlafsack ohne Unterbrechung und ließ mich nicht zur Ruhe kommen. In dieser Vollmondnacht träumte ich von einem Wolf. Er war sanft und schlich leise wieder und wieder um mich herum. Er blickte zu mir, sah mir tief wohlwollend in die Augen und verschwand letztendlich in der stillen Dunkelheit der Nacht. Später berichtete mir eine Teilnehmerin, was den Wolf charakterlich ausmacht und wie er lebt. Dass er sehr weite Strecken zurücklegt, lange ohne Nahrung auskommt und ein großes Revier einnimmt.

Sollte dies mein Krafttier für meine Reise werden? Mit Leichtigkeit fasten und mich einem weiten noch ungeahnten Teil meiner Selbst widmen?

Tag 2 – Der Aufstieg

Sanft öffnete ich nach dieser durchwachsenen Nacht meine Augen und zog die kühle, nach Fichtennadeln duftende Luft durch meine Nase ein. Ich fühlte mich warm und geborgen in meiner kuschelig schützenden Zudecke und das Licht glitzerte durch das Geäst, die Bergkuppen leuchteten zartrosa. Was für ein wunderschöner Morgen, dachte ich bei mir. So weit und klar. Noch nichtahnend was mich heute und die nächsten Tage erwarten würde, verstaute ich meine Sachen, packte meinen Rucksack und machte mich auf die Suche nach unserem Treffpunkt.

Ich fuhr mit dem Auto die Serpentinenstraße bergauf. Die Straße schlängelte sich an alten eingefallenen Häusern, verlassenen Höfen und Ruinen entlang. Verwirrt fuhr ich ein erstes Mal durch das mir auf dem Zettel angegebene Ziel. Und noch einmal. Aufsteigende Unsicherheit machte mir für einen kleinen Augenblick Sorge. War ich hier richtig?

Ich kenne diese Verwirrung in meinem Leben nur zu gut. Immer, wenn mir etwas zu viel wird, etwas neu ist, unbekannt, mich gar überfordert, fange ich an zu trudeln, verheddere mich in meinen Gedanken, anstatt kurz inne zu halten, einfach einen Moment zu atmen und der Stille in mir zuzuhören.

Doch ich war richtig, es war der Ort, ich hatte mein Ziel erreicht. Gegenüber vom kleinen verträumten Bergdorf lag ein Friedhof, und ich parkte davor. Ich stieg aus und ging voller Bedacht und Mitgefühl über ihn. Als ich die Gräber betrachtete, sah ich die Bilder der Verstorbenen. Viele starben in einem hohen Alter, vereinzelt sah ich aber auch Männer und Frauen, die bereits mit 30 oder 40 Jahren gestorben waren. Ich erschrak innerlich. Vierzig, das bin ich gerade erst dieses Jahr geworden. Gedanken kreisten wirr durch meinen Kopf, gefolgt von Fragen wie: „Wieviel Zeit bleibt mir noch? Wieviel darf ich noch erleben und sehen? Lebe ich genau das Leben, das ich leben möchte, oder vergeude ich meine Lebenszeit mit Nichtigkeiten, an denen ich mich aufhalte?“

Tiefe Tränen rannen mir über mein warmes Gesicht und als ich mir das letzte Grab anschaute, sah ich ein lachendes Kindergesicht. Antonio stand unter seinem Bild geschrieben und die Jahreszahl verriet mir, dass er nur sieben Jahre alt geworden war. Mein Herz zog sich zusammen, mein Atmen stockte und ein bedrückendes Gefühl von Demut und tiefer Traurigkeit ließ weitere Tränen an meiner Wange entlanglaufen. Hatte er in seinem jungen Alter Träume gehabt? Was hatte er sich für sein Leben noch vorgenommen, was hatte er sich gewünscht?

In diesem Moment musste ich über mein Leben nachdenken. Lebte ich meine Träume wirklich?-Bin ich auf meinem Weg? Ich stehe momentan in meinem Leben an einer Kreuzung und weiß nicht so recht, wohin. „Soll ich meinen langen ausgeübten Beruf weitermachen oder dem neuen aufregenden Ruf in mir folgen?“ Ich bin Designerin und habe es immer geliebt, die Welt meiner Kunden zu verschönern, Ordnung in ihre Welt zu bringen, das Außen zum Strahlen zu bringen. Aber ist das noch meine Welt? Ich verspüre in mir einen anderen Ruf, eine Sehnsucht nach mehr Tiefe, nach mehr Sinnhaftigkeit und Schönheit. Mein Ruf ist der, der Natur und den Menschen zu helfen, sie mit der Natur und dem Natürlichen in sich wieder zu verbinden, mit Mama Erde.

Andächtig lief ich etwas bedrückt Richtung Ausgang. Hier an diesem Ort lagen die Träume so vieler Menschen begraben, musste ich bei mir denken. Schweren Herzens verließ ich den Friedhof, stieg in mein Auto und fuhr zu unserem gemeinsamen Treffpunkt. Ich erreichte die Bar, in der wir uns treffen sollten und bemerkte, dass schon einige Teilnehmer dort eingetroffen waren. Ich blickte in wunderschöne, neugierige Gesichter, die genau wie ich viele Fragen im Gepäck dabeihatten.

Was wird uns hier erwarten? Kann ich so lange fasten? Welche Erfahrungen werde ich machen?

Für einen Moment sitzen wir schweigend nebeneinander. Zu verlegen, einander anzusprechen oder sich gar auszutauschen, blicken wir in Richtung der kleinen Straße, die von dicken gelben Kürbissen umsäumt wird. Aus dem parkenden blauen Kombi tauchen in diesem Moment zwei strahlend lachende Frauen auf, deren Lachfalten ihr ganzes Gesicht zum Leuchten bringen. In ihren Gesichtern lässt sich ihre Lebenserfahrung, ihre Güte, ihre mütterliche Fürsorge und der Glanz des Alters erahnen, sowie die Liebe, mit der ihre Sprache gezeichnet ist. Ich bin sprachlos; diese beiden Frauen werden uns begleiten, was für ein Geschenk.

Von Johanna weiß ich, dass sie Schamanin ist und viel auf Reisen war. Jula kommt aus Hamburg und hat ein unglaublich ansteckendes Lachen. Ihre Geschichte ist mir bis dahin noch unbekannt, wird mich aber im Laufe unserer Reise das ein oder andere Mal sehr packen.

Wir machen uns auf den Weg zur Gepäckstation und treffen dort die noch fehlenden Teilnehmerinnen. Zum Glück wird mein Monster von Rucksack auf den Berg gefahren, denn 20 Kilos sind für diese Wanderung doch nicht zu unterschätzen. Da wir noch einen Moment Zeit haben, begeistert Jula uns mit der Idee in dem eiskalten und kristallklaren Fluss zu baden. Der Fluss schlängelt sich entlang der Straße und wird von vielen großen und kleinen Steinen durchzogen. Sie glitzern allesamt in der Mittagssonne und verzaubern diesen magischen Moment. Sanftmütig und leise säuselnd fließt er hinunter ins Tal.

Da sind wir nun, acht Frauen, noch nicht wissend was auf uns zukommt, unbekannt miteinander.

Jula hat uns ans Flussufer begleitet, während Johanna die noch fehlenden Teilnehmerinnen einsammelt. Wir sind alle neugierig und gespannt, tauschen uns mit nichtigen Fragen aus, als Jula plötzlich ihre Kleidung auszieht und leichtfüßig in den Fluss steigt. Sie tänzelt im Wasser wie eine Nixe, vollkommen nackt und wunderschön, anmutig und klar. Mein Herz wird warm und ich denke bei mir. Was für eine Stärke und weibliche Weichheit zugleich.

Nach und nach machen es ihr weitere Frauen gleich und ich lasse es mir nicht nehmen, auch in dieses eiskalte Eiswasser zu steigen. Unbeschwert lachend, vollkommen nackt und einander unbekannt, planschen wir vergnügt im eisigen Wasser. Dieser Moment ist so zerbrechlich und besonders, klar und rein, fraulich und ehrlich. Ich bin dankbar dafür, denn es zeigt mir, wie weich und wunderschön Frauen sind, wie zerbrechlich und anmutig sie mit all ihren Rundungen sind. Ein heiliger und kostbarer Moment von tiefem Verständnis füreinander.

Nach diesem ersten gemeinsamen Erlebnis machen wir uns auf den Weg. Es ist heiß und der Weg steinig und steil. Meter für Meter merke ich mehr und mehr meine Beine.

Zwischen den Bäumen blinzelt die Sonne hindurch und heizt jeden meiner Schritte auf. Ich trage mich mit vollem gedanklichen Gepäck den Berg hinauf und höre der wirren aufgeregten Stimme einfach nur zu. „Was bringe ich mit auf den Berg? Was möchte ich unbedingt hier oben lassen? Was, wenn mir nichts begegnen wird?"

Wir wandern weiter in Stille, 13 Frauen steigen Höhenmeter um Höhenmeter den Berg hinauf. Man spürt die Enge, die Verletzlichkeit jeder Einzelnen, man spürt die Unsicherheit und Angst vor dem, was kommt.

Wir alle werden allein, nur mit uns in der Wildnis sein, wir werden vier Tage und drei Nächte fasten und unseren Kreis aus Steinen und Zweigen nur durch Wasser holen und den Toilettengang verlassen.

Kann ich das? Werde ich das durchhalten? Das Fasten habe ich bereits kennengelernt. Es fiel mir im Alltag schwer, auf so vieles zu verzichten. Hier oben nur in Stille mit mir selbst und der Natur kommt die Herausforderung meiner Gedanken hinzu. Ich kenne das Spinnen und Weben von angsterfüllten Gedanken durch meine innere Stimme nur zu gut. Oder werde ich sie vielleicht doch los? Kann ich der Stimme hier oben auf eine ganz andere Weise begegnen?

Atemlos und aufgeheizt durch die Sonne erklimme ich mit zwölf Frauen den Berg. Ab und zu legen wir eine kleine Pause ein, um zu trinken und um uns umzuschauen. Diese Schönheit, diese Anmut der Berge, die so mächtig und beeindruckend fest in ihrem Stand stehen, fasziniert mich immer wieder. Atemberaubend nah steht der First vor uns und strahlt uns mit seinem Massiv an. Gedankenverloren schweife ich ab und finde mich auf meiner ersten Reise in die Berge wieder.

Vor sieben Jahren begann meine Leidenschaft zu den Bergen. Zu dem Zeitpunkt war ich in mir gefangen und meine heftigen Panikattacken und Angstzustände bestimmten meinen Alltag. Das war kein Leben mehr, so konnte ich nicht weiterleben, denn ich hatte weder Kraft für mich, noch meinen allein zu versorgenden Sohn. Ich hatte die Wahl zwischen einem Klinikaufenthalt oder mich für einen anderen Weg zu entscheiden, und traf aus einer Verzweiflung heraus den Entschluss, zwei Wochen allein über die Alpen zu wandern. Ich wollte mich endlich meinen Ängsten stellen und mich spüren, mich wiederfinden. Die zarte Stimme in mir und die Sehnsucht zur Natur ließen mich erkennen, was ich längst verdrängt und gelähmt hatte. Mein inneres Wissen, dass die Heilung in der Natur liegt. „Alles findet genau dann zu einem, wenn die Zeit gekommen ist", denke ich bei mir.

Nach zweistündigem steilem Anstieg erblicken wir endlich das kleine zauberhafte Bergdorf. An zwei Händen lässt sich die Anzahl der Häuser abzählen. Urig und verwinkelt stehen die massiv aus Holz gebauten Häuser im Berg. Ohne viele Schnörkel oder Extras, denn hier oben bedarf das Leben nur wenig Ballast. Es ist ruhig, der Wind säuselt ganz mild durch die alten Walnussbäume. Hier und da sind die Glöckchen der Ziegen zu hören, die das Bergpanorama abrunden. Ich bin ganz beseelt, friedvoll, sanft in mir, angekommen in meinem Abenteuer. Die Stille, die Weitsicht ins Tal, die Ruhe, die Schönheit der Berglandschaft lösen in mir innere Zufriedenheit aus. Ich nehme nichts wahr, außer den natürlichen Geräuschen der Natur. Es ist, als würde die Welt in den Bergen stillstehen.

Erleichternd lachend erkunden wir die Umgebung und inspizieren unser Haus. Süße Schlafnischen und Gemeinschaftsräume warten auf uns und es ist herrlich mit anzusehen, wie ein Schwarm von Frauen giggelnd und mädchenhaft lachend durch die Zimmer streifen.

Wir sind ankommen und unsere Reise beginnt. Jede verstaut ihr Gepäck und nimmt das ihr zurufende Bett ein. Das Haus ist charmant bäuerlich eingerichtet, jeder Raum hat seinen eigenen Duft, seine eigene Geschichte und so wandere ich von Zimmer zu Zimmer und füttere meine Neugierde. Draußen vorm Haus lehnen die Ziegen an der noch warmen Hauswand. Sie stehen auf den Tischen und Bänken, in der Außendusche und vor den nach draußen führenden Türen. Es ist so herzerwärmend all dies zu sehen, in sich aufzunehmen, und die Einfachheit des Lebens beruhigt mich und nimmt mir jedwede Anspannung.

Der liebevolle Umgang unter Frauen, diese selbstverständliche Verbindung, die ohne verbale Kommunikation funktioniert, ist verblüffend. Jede nimmt automatisch ihren Platz ein, als wäre es die Vorbereitung für das was kommt, und so finde ich mich in einer Gruppe von Frauen in der Küche wieder. Wir schnippeln, erzählen, lachen, verstummen, sind andächtig und aufrichtig miteinander. Es ist herrlich, denn wir kennen uns kaum und sind uns auf eine vertraute Art und Weise ganz nah. Es hat etwas magisches, wenn Frauen sich begegnen. Ein Verbund von Aufrichtigkeit und Ehrlichkeit, nah und zerbrechlich, begegnen wir hier einander. Mir wird warm ums Herz und es berührt mich tief im Inneren.

Gemeinsam essen wir vor traumhaftem Bergpanorama zusammen, tauschen uns aus und merken bereits viele Gemeinsamkeiten. Auf eine gewisse Art strahlen wir alle bereits in unserem Licht und begegnen einander auf ehrliche und verletzliche Weise.

Nach dem Essen folgt ein erstes gemeinsames Beisammensitzen. Hier oben auf dem Holzboden fühlt es sich wieder so nackt und verletzlich wie unten im Fluss an. Jede einzelne erzählt, wie es ihr geht, wie sie sich fühlt und was sie mit auf den Berg gebracht hat, welche Fragen sie beschäftigt. Johanna und Jula haben schon unten im Tal ein wundervolles Feld geschaffen, welches hier oben in der Runde jetzt deutlich spürbar wird.

Ich fühle die Sanftheit, ihre Anmut und bin dankbar für die Erfahrungen mit der sie uns beschenken. Ihr Feld aus Weisheiten und wundervollen Geschichten lässt mein Herz höherschlagen und mich tief mit den Frauen verbinden.

Knisternde Stille, Aufregung und Neugierde wabern durch den Raum. Jede einzelne Geschichte lässt meine eigenen Fragen widerhallen, denn sie spiegeln meine Sehnsüchte, meine eigenen Verletzlichkeiten und mein tief verschlossenes Herz. Ich stelle mir die Frage, warum wir Frauen so hart sein wollen, teils so hart sein müssen. Was hat man uns weggenommen, dass wir tief spürbares

Leid und Schmerz in uns tragen? Ich muss an meine eigene Kindheit zurückdenken. In meinem Leben hatte ich sehr lange ausschließlich Freundschaften zu Jungs, später Männern gehabt. Ich glaubte mich unter ihnen sicher und war oft abgeneigt, mich auf Frauen einzulassen. In meinem Kopf kreiste lange der Gedanke, Frauen neiden einander, auf Frauen kann man sich nicht verlassen, Frauen könnten bedrohlich werden. So ließ ich viele Freundschaften mit Frauen erst gar nicht aufkommen, ich distanzierte mich von ihnen und zog mich zurück.

Hier oben auf dem Berg, in dieser Frauenrunde, spüre ich die zerbrechliche Zartheit des Moments einer jeden Frau. Mit jedem Atemzug öffnet eine Jede ihr sanftmütiges Herz, tiefe Tränen fließen, verständnisvolle Blicke kreisen feinfühlig umher und so tauchen wir gemeinsam in ein uraltes Feld - das weise Feld aller Frauen in Raum und Zeit - ein.

Wohin geht meine Reise? Was ist mein Ziel in diesem Leben? Darf ich sichtbar werden? Darf ich mich so zeigen wie ich bin? Darf ich Frau sein? Darf ich so leben, wie ich lebe? Möchte ich überhaupt so leben?

Ich höre mir andächtig jede einzelne Frage an und gehe in mich. Gedanken kreisen in meinem Kopf umher und meine eigenen Fragen klopfen präsent in mir. Wer bin ich eigentlich wirklich?

Mit was möchte ich mein Leben wirklich erfüllen?

Darf ich mich der Welt zeigen?

Würde ich so weiterleben wollen, wenn ich wüsste, dass es bald zu Ende ist? Ich verstumme innerlich, denn wir alle tragen eine Sehnsucht in uns, die uns bewegt. Wir finden oft keine Antworten auf unsere sinnsuchenden Fragen im Alltag. Können sie in der Stille der Natur beantwortet werden?

In der Runde sitzend stelle ich mir innerlich erneut wieder und wieder meine erste mitgebrachte Frage. Wer bin ich eigentlich wirklich?

Mein Name ist Catherine. Klar, rein, fraulich, französisch. Doch wurde ich als Kind nie so genannt. Ich war eher die kleine Cathy, die wirbelig Quirlige, Verspielte. Im Laufe meines Lebens entstand für mich als heranwachsende Frau innerlich eine regelrechte Ambivalenz zu mir und meinem ursprünglichen Namen. Diese beiden Namen hatten alle Facetten meiner Eigenschaften in sich, doch fühlte ich diese nie vereint in mir. War ich nicht doch mehr als mein-Name?

Ich blicke mich um und versinke in den Erzählungen. Da erkenne ich die Tragweite meiner Frage. Leicht triumphierend formulierte ich sie um und erkenne: „Wer will ich eigentlich sein, und was habe ich als Mensch zu geben?

Wissend darüber, dass die Antworten zu mir finden werden, beende ich meinen Tag. Ich liege glückselig und wohlig warm eingehüllt in meinem Schlafsack. In mir spüre ich eine tiefe Ruhe, losgelöst von all dem, was war und all dem, was kommen wird. Die Ordnung in meinem Geist, der ruhige Zustand, der satte Moment, schenkt mir eine Ahnung von nährender Zufriedenheit.

Tag 3 – Auf dem Berg

Ein neuer Tag erwacht und die Sonne blinzelt über die Bergwipfel. Gemächlich färbt sie die Kuppen rotgelb und lässt die Sicht ins Tal erahnen. Ich erwache in dem kleinen Zimmerchen, das ich mir mit zwei weiteren Frauen teile. Zögerlich öffne ich behutsam meine noch müden Augen und spüre die kribbelnde, aufsteigende Anspannung, meine kindliche Vorfreude vor dem neuen Tag, und vergesse die nichtigen Alltagssorgen. Ich schäle mich langsam aus dem Schlafsack, um niemanden zu wecken. Es duftet nach Holz und frischem Gras. Still und leise versuche ich über den knarzenden Boden aus dem Zimmer zu treten und erreiche endlich über den längeren Flur den Weg nach draußen. Es ist ein atemberaubender neuer Morgen und ich stehe allein auf der taufrischen Wiese. Ich fühle das Gras zwischen meinen Zehen und nehme die Stille der Berge in mir auf. Die kühle reine Bergluft ziehe ich tief durch meine Nasenflügel ein, schließe meine Augen und nehme wahr, wie dankbar ich für diesen kostbaren Moment bin.

Mit meinem Handtuch unter dem Arm bewege ich mich auf die neben mir aus Ziegeln und flachen Steinen erbaute Außendusche. Zögerlich löse ich mich von meinen Sachen und spüre den leichten Wind auf meiner Haut. Ich erschrecke, denn das Wasser ist eiskalt, ich atme, pruste, es kribbelt pieksig auf der Haut, alles zieht sich zusammen und ich rufe in die Stille des Berges: Ich lebe!

Der neue Tag bringt Erwartungen mit, denn heute dürfen wir uns unseren Platz inmitten der Natur suchen, den wir für vier Tage nicht verlassen werden. Der Bereich der Suche erstreckt sich von dem linkerhand des Dorfes liegenden Waldstück und dem rechterhand liegenden Wiesenstück, das oberhalb des hügeligen Berges ruht. Dort wird heute das Zelt in einem von Steinen gesäumten Kreis aufgebaut.

Etwas angespannt schaue ich hinüber zum Waldrand. Er ist tief und dicht bewaldet. Wird hier mein Platz sein? Ich überlege lange. Eine Stimme in mir sagt, es ist noch nicht geheilt, du musst noch in diesen Schmerz. Eine andere entgegnet zaghaft leise: Du hast ihn bereits geheilt, wandere weiter und suche dir deinen Platz auf der Wiese.

Gedankenverloren erinnere ich mich an meine Kindheit zurück. Ich liebte den Wald. Ich konnte kaum ohne ihn. Er war mein Vertrauter, mein Rückzugsort, meine Heimat. Ich tobte in ihm, war wild, kniete mich oft an Bachläufe und beobachtete das lustige Treiben der Kaulquappen. Dieser Ort gab mir Zuflucht und Sicherheit. Ich streifte oft über viele Stunden in ihm umher, entdeckte neue Orte, war in vollem Vertrauen, dass alles gut ist und alles stimmt.

Mein fortschreitender Lebensweg führte mich allerdings mehr und mehr weg von dieser Heimat. Ich verlor mich in Partys und zu viel Alkohol. Ließ meine innere Stimme verstummen und verlor völlig den Bezug zur Natur, meiner kindlichen Heimat.

Als mein Sohn gerade drei Jahre alt war, bekam ich wie aus dem Nichts Panik vor Wäldern. Ich erkannte mich selbst nicht mehr. Zu diesem Zeitpunkt starb meine geliebte Oma. Sie war ein außergewöhnlicher Mensch und ich fühlte mich tief mit ihr verbunden. Was ich damals nicht wusste, war, dass sie als Kriegskind unglaubliche Angst vor dem Wald und auch der Natur hatte und ihr vermutlich Schlimmes im Wald widerfahren sein musste. Sie sprach kaum darüber.

Hatte Sie mir wohlmöglich ihre Angst übergeben? Sie hatte die Traumata nicht selbst lösen können und den tiefsitzenden Schmerz immer verdrängt.

Für mich wurde der Wald fortwährend zu einer unheimlichen Bedrohung. Allein war es mir unmöglich ihn zu betreten oder gar am Waldrand entlangzulaufen. Es sollten bis zu dem Tag auf dem Berg im Tessin zehn Jahre vergehen, dass ich mir meine Heimat wieder zurückzuerobern konnte.

Doch nun bin ich hier, im Tessin, um mich diesem letzten, tiefsitzenden Schmerz zu stellen.

Mit beladenem Rucksack blicke ich mich um und lasse den Wald im Rücken. Ich steige die Wiese hinauf, den steilen Weg höher und höher. Zu meiner Linken erstreckt sich der massive Bergriese und zur Rechten grün gelblich gefärbte Wiesen.

Wo würde ich meinen Platz finden? Wo befindet sich der Ort, an dem ich vier Tage mit mir allein sein darf? Ich laufe höher und höher. Gerade Wiesenflächen ebnen sich unter spärlich angeordneten Fichten. Befindet sich hier mein Platz? Ich stelle meinen Rucksack ab und schaue mich um.

Ohne Gepäck laufe ich den Berg weiter hoch. Ist da vielleicht noch ein besserer Platz als der weiter unten? Es wird dichter, hügeliger und der Wald zieht sich zu einer Schneise zusammen. Meine innere Stimme sagt klar: „Nein, geh zurück."

Ich schaue mich um. Im Westen steht der gewaltige Berg, er thront regelrecht vor mir. Nach Süden den Hang hinunter fällt der Berg ins Tal und schlängelt sich wie ein Bach abwärts.

Ich setze mich und genieße diesen Ausblick unter Fichten. Plötzlich ruft eine sehr laute Stimme in mir: „Geh weiter, das ist nicht dein Platz." „Warum?", stelle ich mir als Gegenfrage. „Geh weiter", höre ich es erneut. Welche Stimme ist das? Ist es mein Herz oder mein Kopf? Ich bleibe wie angewurzelt sitzen, lege mich ins grün saftige Gras und schweige. Langsam und zaghaft rinnen mir warme Tränen die Wangen hinunter, ich kann kaum an mich halten. Wärme steigt in mir hoch, ich wimmere, schluchze und lasse es einfach geschehen. Es ist mein Platz.

Wie im Film kommen mir Bilder in den Kopf. So oft hatte ich in meinem Leben gekämpft, hatte ich tiefe Ängste durchlebt und innere aufwühlende Panik erlitten. Das alles ist in diesem Moment, auf dem Rücken liegend, umsäumt von starken Fichten wie verwischt. Es fühlt sich wie Heimat an. Wie ankommen und nach einem neuen Gefühl: Es darf leicht sein. Nur wie fühlt sich leicht sein an? Wie fühlt sich ein leichter Weg an, wenn man so gute Wege des Schmerzes erlernt hat. Wie fühlt sich Leichtigkeit an?

Diesen Samen hatte ich bereits nichtsahnend zu Beginn meiner Reise gepflanzt, und nun soll er hier im Tessin offensichtlich keimen.

Ich krame in meinem Rucksack nach meinem Zelt. Zuvor hatte ich noch nie in meinem Leben eines aufgebaut. Und da ist es wieder, dieses beklemmende aus dem Bauch aufsteigende Gefühl von Unsicherheit, Schwere, Angst und innerer Unruhe. Ich atme mehrmals tief ein und aus, stecke nach und nach alle Streben ineinander, versichere mir durch die Anleitung die Richtigkeit des Aufbaus und gewinne Vertrauen in mein Tun. Es ist leicht, es ist einfach aufzubauen. Es ist ein neues belebendes Gefühl und ich empfinde tiefe Glückseligkeit und Dankbarkeit in diesem Moment. Nach diesem ersten kleinen Abenteuer essen wir zusammen losgelöst und vollkommen unbeschwert lachend draußen im abendlichen Bergpanorama. Ich habe das Gefühl, ein Teil des Berges zu sein, so nah und präsent thront er vor mir.

Zum Abschluss des Tages treffen wir uns wieder in der kleinen urigen Stube. Vereinzelt sitzen hier und da bereits Frauen auf ihren am Boden liegenden Kissen. Gemütlich dämmrig scheint die Abendsonne herein. Der goldgelbbraune Boden knarzt bei jedem Schritt und es duftet nach Essen, nach süßem Zirbenholz und nährender Geselligkeit.

Jede hat das Erlebte bei sich, jede hat eine andere Geschichte über ihre Platzsuche dabei. Und so wird es ein tiefer und bewegender Austausch. Die Gespräche zeigen mir, dass es nicht allein um die Platzsuche in der Natur geht, sondern um den eigenen Platz im Leben. Manchen wurde der Platz wie wundersam in Minuten geschenkt, andere wiederum haben Stunden nach dem richtigen Platz Ausschau gehalten, waren wie zerrissen und bezweifelten ihre Entscheidung, waren verunsichert und weit entfernt von einer klaren Überzeugung. Und so ist es auch im Leben. Wir stellen uns immer wieder die Frage, bin ich an meinem Platz, ist es der Richtige oder muss ich weiterziehen?

Diesen Abend schlafe ich selig in meinem Schlafsack, ein letztes Mal bevor wir in die Natur ziehen im Haus. Eine sanfte Ruhe durchdringt mein Herz ohne Angst oder Zweifel vor dem, was ich erleben würde.

Das Leben zeigt dir oft den Weg der Angst, um deine volle Kraft zu entfalten und dich mutig dem Neuen hinzugeben. Gestärkt steigst du dann auf und trägst Neues in dir. Behutsam wie einen Samen kannst du diesen Gedanken nähren und dich mit ihm verbinden.

Mein Steinkreis

Tag 4 – Die Stillezeit beginnt

Der vierte Tag beginnt in Stille, kaum Jemand unterhält sich. Die Stimmung ist andächtig und so treffen wir uns ein letztes Mal schweigend an diesem Morgen in dem kleinen lichtdurchfluteten Zimmerchen zu einem Ritual.

Johanna und Jula nehmen uns in ihren Geschichten mit und geben uns die Kraft, uns für Neues zu öffnen, Neues zu empfangen und uns für die Vision hinzugeben.

Beide verabschieden uns im Rauch des Salbeis. Der würzige Duft hüllt mich in weißen Nebel. Ich nehme ihn tief in mir auf. Alles ist leise. Gedanken tänzeln wie kleine Feen im Raum. Diese reine, ruhige, sanftmütige Stille umgibt uns wie eine mütterliche Umarmung und so laufen wir unter Tränen, Angst und Unsicherheit im Gepäck und Demut dem Neuen gegenüber mit unseren Rucksäcken raus in die Natur.

Wenn wir uns dem Unbekanntem mit offenem Herzen öffnen, können Wunder und Heilung als Geschenk in unsere Leben treten.

Während meines Aufstieges geht mir vieles durch den Kopf. Was, wenn ich keine Vision empfange, wenn ich doch Angst in der Nacht bekomme? Was, wenn die Geräusche zu laut werden und mein innerer Kritiker das Ruder übernimmt?

Ich wandere schleppend, Meter für Meter, ganz allein für mich. Es ist frisch und klar an diesem Morgen, die Sonne lugt bereits hinter den Bergwipfeln hervor und schenkt dem Berg eine sanfte Umarmung. Der Rucksack drückt mich bei jedem Schritt in den Boden. Meine Beine zittern und ich muss immer wieder pausieren, um Luft zu holen. Da stehe ich still, mache einen Moment Pause, halte inne, um die Schönheit, den Augenblick tief in mich aufzusaugen. Ich bin allein, ganz für mich, mit mir. Mein Atmen stockt. Ist es Glückseligkeit, Angst, die Unwissenheit? Die Mischung aus so vielen unglaublich nahen Gefühlen übermannt mich.

Am Platz angekommen durchdringt mich eine tiefe Freude. Der Berg strahlt, die Sonne leuchtet hellblass durch die zarten Äste, Licht tänzelt auf meiner Haut und die Zweige malen bewegend wandelnde Muster. Mein Zelt begrüßt mich, ich bin angekommen. Ich verstaue meine Sachen mit einer kindlichen Vorfreude, setze alles an seinen Platz, blicke mich um und empfinde tiefe Ruhe und Zufriedenheit in mir.

Der Tag wird lang, die Stille pocht laut in meinen Ohren. Was mache ich hier eigentlich? Kälte durchzieht langsam wie ein kriechend dickzähflüssiger Brei meine Glieder, Magenkrämpfe schüttelten mich heftig, die abführenden Mittel beginnen mit ihrer Arbeit. Fasten ist mir nicht neu, dieses Gefühl allerdings schon. Ganz allein, mitten im Wald, nur für mich zu sein. Umgeben von Natur und umhüllt von Stille.

Ich lausche den Geräuschen, tauche ab und nehme meine Gedanken einfach nur wahr. Stille ist ein angenehmer Zustand, der mich zu mir führt und wie ein liebevoller Geliebter ganz nah bewacht und mich ummantelt.

Diese Stille ist jedoch laut, brutal, schreit mich förmlich an und peitscht mit Gebell durch all meine Zellen. Ich schreibe in diesen Momenten:

Jetzt fühle ich Kälte

Jetzt fühle ich Anspannung

Jetzt fühle ich Schwere

Jetzt fühle ich Übelkeit

Jetzt fühle ich Hilflosigkeit

Je mehr ich dies schreibe, umso weniger wird die innere, mich auffressende Angst. Mich überkommt eine Leere. Der Alltag wirbelt mich stets durch die Luft, lässt mich bewusst sein, aber auch durch mein Leben rasen, reißt an mir ohne oft die Schönheit in jedem Moment wahrzunehmen, die kindliche Leichtigkeit anzuerkennen und sie als gottgegebenes Geschenk liebevoll bedankend entgegen zu nehmen.

Hier oben, in Stille sitzend, lasse ich mich auf den Moment ein, nehme die Kälte einfach nur wahr, nehme die ersten Tropfen auf meinem Zelt wahr, nehme das heranziehende Gewitter wahr, den Groll in der Luft, das Donnern.

Stille.

Donner.

Stille.

Die Nacht schleicht leise über mein Zelt. Ich bin warm eingemummelt. Atme. Es raschelt und knackt, wie kleine brechende Streichhölzer. Erschöpft träge liegt mein Körper im Schlafsack. Zugig zieht die Kälte in meine Glieder, die Wärmflasche wärmt meine tauben, eisgefrorenen Füße. Wie heißgewordene Lava sprudelt die Wärme von meinen Füssen träge über meine Beine hoch zu meinem Bauch. Mein Magen knurrt, die Leere macht sich bemerkbar und lässt mich erneut hochfahren. Ich ziehe mir meine Decke zum Schutz über den Kopf, um nichts von der Dunkelheit mitzubekommen.

Traue ich mich ihr zu begegnen? Oft habe ich mich der Dunkelheit gestellt, nur hier ist sie so nackt und schonungslos, so nah und kaltpräsent. Ich gebe mich ihr hin, beobachte durch meine müden und schläfrigen Augen das zittrig tänzelnde, feingliedrig von Zweigen abzeichnende Mondlicht auf meinem Zelt und versinke in den Schlaf.

Tag 5 – Ein neuer Morgen inmitten der Natur

Am nächsten Morgen erstrahlt der Berg in einem pudrig blassrosa gefärbten Mantel. Die Sonne blinzelt leise durch die Baumwipfel und meine innere Kälte spiegelt sich auch im Außen wider.

Ich schäle mich aus meinem Zelt und nehme Platz auf dem vor mir liegenden Stein und spüre den Schatten der nahliegenden, und mich umsäumenden Fichten kalt auf meiner Haut. Ich blicke mich um. Tautropfen glitzern im

Morgenlicht, leuchten durch die einfallenden Sonnenstrahlen in bunten Regenbogenfarben und wirken auf den Fichten wie kleine Weihnachtskugeln. Mein Blick schweift umher, ich schaue mich um und erahne in weiter Ferne ein weiteres Zelt. Es liegt im Sonnenschein, wird gewärmt, der aufsteigende Dunst lässt dies vermuten. In mir murmelt und grummelt ein abscheuliches Gefühl von Neid und Missgunst. Interessiert lausche ich meinen Gedanken, die meinen Platz, meine Entscheidung kichernd gehässig in Frage stellen. War ich etwa neidisch auf ihren Platz? Ist dieser Platz mein Platz? Ist der Platz in meinem Leben, so wie er ist, der Richtige?

Mürrisch wirre Gedanken sprudeln in meinem Kopf umher. Ich beruhige den wild in mir tobenden Sturm, der versucht in mir aufzusteigen, und steige den Berg im Schlepptau meiner Wasserkanister, barfuß hinab. Die Sonne wärmt samtig zart jeden meiner Schritte und der Untergrund fühlt sich warm und moosig weich an. Ich spüre jeden Stein, jeden Grashalm zwischen meinen Zehen und atme. Atme die taufrische Bergluft einfach nur ein.

Zwischendurch pausiere ich auf Steinen, erblicke die schroff kantigen Berge, Tannen, die wie Füße den Fels ummanteln, Wolken, die fedrig vom Berg zerrissen werden und tauche in das wohlig nährende, mich sanft berührende, Gefühl von natürlicher Verbundenheit ein. Mein Herz wogt sich im Rhythmus meines Herzschlages und meine Mundwinkel zeichnen ein breites Lächeln auf meinem Gesicht.

Leichten Schrittes tänzle ich den glitzrig schimmernden Weg hinab, die Steine unter meinen Füssen bemalen buntstrahlend den Pfad.

Am Quellbecken angekommen fülle ich meine Kanister mit frischem Quellwasser. Witzig schelmisch mit sprudelnd kindlicher Glückseligkeit ziehe ich meine Sachen aus und steige in das eiskalte, klare Hirtenbecken. Nadelfeine Stiche piksen meine Beine und durchdringen sie wie frisch gepflückte Brennnesseln. Ich tauche unter und fahre mit einem schnellen, prustend atmenden Satz wieder hoch. Breit grinsend mit einem erhebenden, neuen Lebensgefühl stehe ich nackt in der wärmenden Sonne und spüre mich. Meinen lebendigen Körper, meinen frischen Geist, meine wundervolle Seele.

Hier oben steht die Zeit still, es existiert keine Ablenkung aus dem Außen, keine Elektronik, keine Berieselung, die meinen Geist schwächt. Ich bin nur mit mir, der Stille und der Natur. Und so spüre ich meine Stärke, meinen unerschütterlichen Willen mich neu zu entdecken und meine Selbstfürsorge, ganz für mich da zu sein. Ein erhaben majestätisches Gefühl.

Der Wiederaufstieg hoch zu meinem Platz ist mühsam. Ich merke an diesem zweiten Tag ohne Essen, dass mein Körper träger und müder wird und meine Energien weichen. Weiter wandere ich langsam schnaufend den Berg höher und immer höher. Es scheint kaum ein Ende zu nehmen, nur mein Geist treibt mich an und unterstützt meinen schlaff entkräfteten Körper.

Der Gedanke von vorhin bei meinem Abstieg lässt mich noch immer nicht los. Wieso verspürte ich Neid auf die strahlenden Sonnenseiten der anderen Frauen. Es war ein irrwitziger Gedanke, und in diesem Moment spürte ich meinen von der Sonne gewärmten Rücken. Was, wenn ICH noch nicht bereit bin, vollkommen in meinem Licht zu erstrahlen? Was, wenn ich mir erlaube meinen Weg langsamer zu gehen? Bin ich wirklich bereit, mich dem Leben zu zeigen, meine Geschichte zu erzählen und meine Gaben zu verschenken?

Durch die Bäume nehme ich mein Zelt wahr. Ich muss innerlich lachen. Dort erstrahlt es in wärmendem Sonnenlicht, thronend, erhaben, allwissend.

Mein Westen

Der Morgen säuselt bis zum Mittag dahin. Liegend genieße ich in meinem Steinkreis die Sonne auf meiner kalten Haut, beobachte die Natur in ihrer Langsamkeit und beobachte mich und meine aufsteigenden Gedanken. Durch einen spaltbreit geöffneten Augenwinkel nehme ich in einem gedankenverlorenen Moment Johanna wahr, wie sie durch die hohen Gräser langsamen Schrittes auf mich zugeht. Jula und sie schauen in der Zeit der Stille jeden Tag nach uns, schenken uns Zeiten des Trostes und berühren uns mit ihren Geschichten und Weisheiten.

Was sie an diesem Tag zu mir sagt, hallt lange nach. Dein Platz, den du dir gesucht hast, erzählt dir viel über dich selbst. Wenn du ihm zuhörst, bekommst du genau die Antworten, die du brauchst. Ihre so liebevoll mütterliche Art tröstet mich, denn in der Nacht hatten mich wirre Träume geschüttelt und an mir gezerrt.

Alte Themen und Muster schwappten wie zähflüssig heißkochende Lava in mir hoch und ich verspürte die Angst von damals. Ich verspürte den Dämon, der mich versuchte klein und niedrig zu halten, die Angst der alleinerziehenden Mutter mit Existenzängsten und finanziellen Nöten, Angst vor dem Morgen, Furcht vor dem Übermorgen, Bedrohung meiner Gedankenspirale, die mich in tiefe Welten zog, Leere und Einsamkeit, Ungewissheit, Besorgnis, Stillstand, seelische Zerrissenheit nicht gut genug zu sein, nicht richtig zu sein, nicht alles geben zu können. All dies kam in der Nacht wiederkehrend in mir hoch. Wie ein tief festsitzendes Trauma hatte es sich in mein Gehirn als Blaupause gebrannt.

Johanna nimmt mich in den Arm, drückt mich fest an sich. Tränen fließen aus der starren Traurigkeit über meine Wangen, mein Atem bebt, ich ringe nach Luft und nehme die Leere des Moments in mir auf, lasse mich fallen und ergebe mich meiner fließenden Gedanken. Es tut gut in Stille gehalten zu werden und durch ihr nährend wissendes Feld gefüttert zu werden.

Verbunden im Herzen verabschieden wir einander und ich kehre mit müd kampflosem Geist in meinen Steinkreis zurück.

Im Laufe des voranschreitenden Tages wandere ich millimeterweise mit der nährenden Sonne. So sitze ich bewegungslos auf meiner Unterlage und schaue Richtung Westen. Der Gebirgszug schimmert graugrün markant, weich umsäumt von dunkelgrünen Fichtenspitzen, vollkommen starr und im Bergszenario gebunden. Ich nehme diesen Gedanken und bemerke, dass ich ebenso fest fixiert dasitze. Impulse rauschen wie Wolkenfetzen vorbei. Ich drehe mich aus dem Gedanken heraus dem Osten entgegen und entdecke überraschend die Schönheit, die Färbung der anmutigen Richtung. Ich erblicke im Vordergrund dicht stehende Fichten, die sich weit nach hinten ausdehnen und einen lichten Wald bilden. Rechts, nah in meinem Blickfeld, steht ein knubbelig dickbäuchiger Stamm, aus dem ein gebogener Elefantenrüssel einen mächtigen Trompetenlaut in den Himmel bläst. Neben ihm tänzelt ein mit bezweigten Ästen behaarter Ameisenbär mit aufgerichtetem Rüssel und ganz links entdecke ich einen hohlen Ast, dessen Gesicht das Profil eines Waschbären formt.

Mein kindlicher Osten

Johanna sagte uns: „Die Himmelsrichtung Osten steht für den Neubeginn, dass du das Kindliche in dir wiederentdeckst und dein Leben mit Leichtigkeit betrachtest. Hier wird deine kleine Pflanze sichtbar. Die Frage, die der Osten dir stellt, lautet: Wer oder was will ich werden? Was sind deine Potentiale? Er zeigt dir, dass du dich selbst ausdrücken, spielen und ausprobieren darfst und lehrt dich, deine Blockaden anzuschauen. Unbeständigkeit, Rastlosigkeit und in Ideen hängenbleiben zählen zu den inneren Hürden, die bewältigt werden dürfen. Jede Himmelsrichtung stellt dir eine Aufgabe und lehrt dich mit ihren ganz eigenen Eigenschaften."

Gedanken kreisen rastlos in meinem Kopf umher. Habe ich mich zu lange einer Richtung gewidmet? Das Augenmerk starr und bewegungslos auf eine Situation gerichtet? Ich schaue noch einmal hoch, Richtung Osten. Plötzlich überkommt mich diese kindliche Leichtigkeit, von der Johanna erzählt hatte. Meine Hand tobt mit dem Stift über mein mitgebrachtes Notizbuch. Seite um Seite schreibe ich in wildem Wahn; es fließt nur so aus mir heraus und ich sehe die Sonne am Himmel vorbeiziehen. Innerlich wirbeln leichte, unbändig ungezähmte Gedanken umher und ich habe das Gefühl, als könnte ich mich in diesem Moment selbst beobachten, aus mir heraustreten und mich selbst einfach nur anschauen. Da sitze ich glückselig weinend, lachend, beseelt und grenzenlos voller Dankbarkeit.

Etwas hat sich gewandelt. Diese kleine zarte Stimme, die ich zuvor oftmals ignoriert, wie ein unartiges kleines Kind weggesperrt hatte, kommt nun in ganzem Glanz zum Vorschein. Laut, klar und ungestüm. Ich bin verbunden, angebunden an ein tiefes Wissen, ein Wissen, das aus mir emporsteigt. Ich kann auf einmal klar meinen Weg wahrnehmen, meine zweite Frage beantworten. Sanft, zaghaft wie eine junge nackte Knospe wächst in mir dieser eindrucksvolle Gedanke. Ich weiß, was ich möchte. Ich erkenne mein Dasein, meine Aufgabe.

Der Tag neigt sich satt strahlend in rotwildem Leuchten dem Ende entgegen. Mein Zelt schenkt mir die Geborgenheit einer nährenden Mutter und ich fühle ich mich sicher, gehalten und beschützt. Ganz aufgeladen und hoch pulsierend versuche ich zu schlafen. Es kreisen wieder und wieder ganz unglaubliche Bilder in meinem Kopf, die Fragen im Gepäck mit sich bringen. Meine sichtbar gewordene Vision, der ungestüme Drang nach Veränderung bezaubert meine Sinne.

In mir ist ein Samen aufgekeimt, der machtvoller ist als alles, was ich je zuvor in meinem Leben gespürt habe. Dieser Weg formt sich in meinem Kopf wie wirre Wolle zu einem festen Faden. Ich kann es spüren, fühlen und sehe mit einer noch nie zuvor dagewesenen Klarheit. In mir ist das funkensprühende Feuer kindlicher Neugierde entfacht und bei mir denke ich: Diese Reise, zurück zu mir, zurück in mein Inneres, ist das größte Geschenk, das ich mir selbst machen konnte.

Tiefe Dankbarkeit und Vorfreude lassen mich kaum schlafen, so überwältigend war der Tag, die unglaublichen Erkenntnisse und das Gefühl, ich komme endlich in mir, in meinem zu Hause an. Ich schließe die Augen und dämmere in einen leichten Schlaf.

Mein
Süden

Wilde Gedanken galoppieren wie Heißblütler durch meine Nacht. Diese neuen Energien sind kaum auszuhalten, mein Kopf ist feurig heiß, meine Wangen glühen, mein Körper ist hoch energetisch geladen. Ich ziehe mir ein Kleidungsstück nach dem anderen aus und bin wie im Rausch. Die Nacht liegt fett und satt über mir, es ist finster und ich kann kaum einschlafen. Immer wieder wache ich auf, schrecke hoch, atme, nicke ein, starre wieder hellwach in die Dunkelheit meines Zelts. Seltsame, nicht greifbare Geräusche vernehme ich über Stunden in meinem Schlafsack. Leise kriecht die Angst wie heißer, klebriger Teer von meinen Füßen hoch bis zu meinem Herzen.

Die Dunkelheit übermannt mich. Hier ein schabendes Kratzen, da ein helles Fiepsen, hier stampfend näherkommende Hufe, die im Laub rascheln, da ein Krächzen über mir. Ich halte an mich. Die Angst lässt mein Herz wild pochen und heiß-kalte Schauer rauschen über meinen Körper. Stunde um Stunde quält mich dieses anhaltende Gefühl. Die Angst hält mich wie gefangen in ihren klebrigen Klauen, die von Dunkelheit, nackter Furcht und Düsterheit durchtränkt sind. Flehend, wimmernd liege ich auf dem Boden, eingehüllt in meinem Schlafsack, während dieser wahrgewordene Alptraum jede Zelle meines Körpers durchdringt und mit einer Bösartigkeit, einem wilden Zorn über meine Gedanken herrscht.

Und plötzlich scheint alles still, ruhig und ich vernehme eine Stimme. Klar lichten sich meine wirren Gedanken, ich lausche genau hin und höre die Stimme meiner geliebten Oma. Ich reibe ungläubig meine Augen, atme tief und gleichmäßig ein und wieder aus. Unwirklich und gebannt höre ich ihre klare und sanftmütige Stimme und sie sagt: Es ist an der Zeit, dass du mir dieses schwere Paket zurückgibst. Es ist nicht länger deine Aufgabe es weiter zu tragen. Ich bin dir so dankbar, dass du meine Angst vor der Natur und dem Wald gewandelt hast. Dass du mich von dieser schweren Last befreit hast und ich schenke dir nun neues Vertrauen. Hab keine Angst mehr vor der Natur mein Kind.

Wohlige Wärme umhüllt mein Herz, Tränen füllen meine Augen, laufen unaufhörlich an meinen Wangen entlang. Ungläubig beruhige ich meinen Atem und beobachte, wie er ruhiger und immer ruhiger wird. Ich krieche langsam aus meinem Schlafsack, ziehe mutig den Reißverschluss auf und trete aus meinem Zelt heraus in die schwarze Nacht, in die satte Dunkelheit. Schemenhaft nehme ich Baumumrisse wahr, blicke in die tiefe Nacht, wie sie mich still und leise umgibt.

Alles ist in diesem Moment ganz still, kein Laut.

Einfach nur still.

Warmsalzige Tränen laufen über meine Wangen und rinnen wieder und wieder an meinem Gesicht herunter. Meine Hände halten meine Brust, mein Herz und ich neige meinen Kopf. Sanft lächelnd ziehen sich meine Mundwinkel nach oben und ich denke bei mir: Danke, danke für dieses unglaubliche Geschenk, dass ich diese Angst nun endlich loslassen darf. Wie von allein weichen ganz sanft meine Beklemmungen und ich spüre zutiefst füllende Dankbarkeit in mir hochsteigen.

Ich bleibe noch einen Moment einfach nur stehen.

Nichts und alles umgibt mich.

Einfach nur nachtschwarze, bläulich schimmernde Dunkelheit.

Zurück in meinem Zelt schmiege ich mich an meinen Schlafsack. Ich sehe klar und etwas ungeahnt Neues ist gerade in mir geboren. Vertrauen zurück in meine geliebte Natur, meine Heimat, meine kindlich geborgene Wildnis. Ich bin nun endlich wieder zu Hause.

Mein
Norden

Tag 6 – Aufbruch ins Neue

Mein vorletzter Tag erwacht. Müde und hungrig liege ich in meinem Schlafsack. Draußen am Zelt tropft und pocht es seit Stunden. Die Kälte da draußen lässt sich nur erahnen und mir kriecht aus der Magengegend langsam Übelkeit entgegen. Hämmernde Fragen durchdringen meine Gedanken. Es folgt eine Frage nach der anderen. Schaffe ich das? Soll ich doch abbrechen? Woher kommt diese Übelkeit?

Es ist genau wie im alltäglichen Leben. Wenn wir wachsen, folgt nach Sonnenschein ab und an eine Ernüchterung, wenn der Sonnenschein nicht anhält. Wir wachsen und wagen uns hinaus, strecken die Fühler aus und wissen noch nicht, was als Nächstes kommen wird. Einzig das Vertrauen in unseren Weg schenkt uns das Wissen dranzubleiben, still zu werden und einfach zu beobachten.

Ich lehne mich wieder zurück und lausche den Regentropfen. Dieses Trommeln hat etwas beruhigendes, ein uraltes Gefühl der Behaglichkeit. Langsam winde ich mich aus meinem Nest, bewege meinen Körper Richtung Zeltausgang, blicke hinaus.

Der Regen ist gegangen und dicke, satte, weiße Wolken steigen aus dem Tal den Berg hinauf. Wie Zuckerwatte fließen weiße Wattefetzen den Hügel entlang, halten sich an Sträuchern und Bäumen fest und kriechen wabernd pulsierend über den nassen Boden. Warm würziger Fichtenduft durchströmt die klare Luft. Der Nebel kommt näher und bringt Kühle mit sich. Ich werde vollkommen eingehüllt. Unwirklich, kalt, voll, geballt weiß ist mein Blick in die Weite.

Welches Geschenk trägt dieser neue Tag mit sich? Welchen Zauber schickt er mir?

Ich gehe hinaus und verharre für einen Moment still in dem taufrisch nassen Gras. Die Regentropfen perlen an den Grashalmen hinunter und wie durch Zauberhand erwacht der Berg und wird sichtbar. Ich bin unendlich dankbar, hier, genau an diesem meinem Platz zu sein. Mit all den Schatten, den Wolken, dem Regen, dem strahlenden Sonnenschein, dem frischen Gefühl ein neues Leben geschenkt zu bekommen.

Ich beobachte noch eine Weile das spielerische Tanzen der erneut aufsteigenden Wolken. Sie ziehen langsam wieder, wie weiße Krieger, über den Himmel, bauschen sich auf und kommen erneut zurück. Vereinzelte Fetzen ziehen an mir vorbei, es folgen Nebelbahnen, die mich und das kleine Tal, in dem mein Zelt steht, vollkommen ummanteln. Wieder vernehme ich den frischen, aromatischen Fichtenduft, der dem weißen Dunst folgt. Ein atemberaubendes Naturschauspiel. Alles ist wie zuvor weiß und in Watte gehüllt.

Stille.

Ruhe.

Atempause.

Ich schaue mich beseelt um und atme tief ein und aus. Welche Geschenke die Natur für uns in jedem Moment bereit hält, welch ein Segen hier in der Natur verweilen zu dürfen und andächtig dem stillen Moment zu lauschen.

Ich bin klar in mir. Ich nehme Leichtigkeit und Ruhe in mir wahr.

Die morgendlichen Stunden nehmen ihren Lauf. Der Regen tropft unentwegt auf mein Zelt. Es plätschert, es tropft, Regenrinnsale bilden sich über mir. Ich beobachte die Seen aus Wasserläufen, wie sie sich sammeln, und wie Sternschnuppen am Zeltrand hinuntergleiten. Immer und immer wieder. Hier und da sehe ich Grimassen aus Wasserfäden, sie lachen und sind gehässig. Verspotten mich, so scheint es mir. Es ist kalt und nass und die Feuchte in der Luft zieht in meine Glieder und setzt sich fest wie ein unangenehmer Besuch. Unaufhörlich krabbelt und kratzt die Kälte an mir. Mein Schlafsack schenkt mir kaum noch nötige Wärme und ich ziehe die mitgebrachte Notdecke bis hoch zu meinem Kopf.

Erstaunt stelle ich fest, wie solch wundersame Momente in einer unangenehmen Schnelligkeit kippen können.

Es schüttelt mich, mein Körper fühlt sich taub und schlaff an, mein Magen rumort. Wie schmerzende Pfeile schlägt das Hungergefühl in meinem Bauch ein. Wieder und wieder, ich verliere Zeit und Raum. Mein innerer Kritiker spricht zu mir und serviert mir ein Gedankenkarussell nach dem anderen: „Ich will nicht mehr, es ist unerträglich, lass uns das beenden, du bist nicht so weit, dich deinen Gedanken zu stellen, wer bist du eigentlich." Interessiert lausche ich und nehme sie erstaunlicherweise getrennt von mir wahr. Es ist nicht meine Realität, es ist ein Anteil von mir, ich bin nicht meine Gedanken.

Schließlich rapple ich mich durstig auf und fülle meine Flasche mit Wasser aus dem Faltkanister. Das Wasser schmeckt fad, nichtssagend, pelzig auf meiner Zunge. Ich krame in meiner kleinen blumigen Tasche und suche mein Mitbringsel, ein kleines knubbeliges Stück Ingwer. Ein zitronig, scharf würziger Duft erfüllt meine Sinne. Langsam atme ich tief durch die Nase ein, lecke mit der Zunge über das haarige, raue Stück und beobachte, wie mein Speichelfluss sich um meine Zunge sammelt. Herrlich kostbar, ein solch intensiv fühlender Moment, denke ich bei mir.

Mit einem scharfen Handmesser schneide ich mir gedankenverloren kleine Stücke nacheinander ab und lasse sie in die Wasserflasche gleiten. In Gedanken bin ich nicht hier, nicht präsent in diesem Moment, und so passiert es plötzlich: Ich rutsche ab und schneide tief und kräftig in meinen mittleren Finger. Ich sehe, wie die Fingerkuppe bis zum Nagelbett klaffend und leuchtend rot blutet. Es läuft mir den Finger hinunter, das Blut lässt sich kaum stillen. Ich suche nach einem Taschentuch und krame hektisch in meinem Beutel. Meine Angst packt mich, reißt und zieht an meinem Herzen, hat mich biestig brutal in ihren Klauen, schüttelt mich hin und her. Eiskalt, glutheiß fährt es durch meinen Körper. Hoch und wieder runter, ein Schauer aus Angst, nass triefender Panik.

Mein Atem stockt, das erste Taschentuch ist bereits tiefrot durchtränkt mit Blut. Ich ziehe es weg und blicke furchtsam besorgt auf die offene Wunde. Wieder und wieder pulsiert das Blut aus dem Schnitt. Ich versuche meine sturen Gedanken zu beruhigen, meinen Film im Kopf zu stoppen. Mein Atem ist ungleichmäßig schnell, mein Herz hämmert, der Puls trommelt in meinem Hals hoch bis zu meiner Schläfe. Ein nassblutiges Tuch nach dem anderen wechsle ich hektisch nacheinander aus. Da meldet sich panisch mein laut keifender Kritiker. Er hat grelle, beißende Geschichten im Gepäck und schreit mich gehässig an: Siehst du, ich hab gewusst, dass noch irgendwas Schlimmes passieren wird; du schaffst das hier nicht, bekommst noch eine Blutvergiftung, das wird nicht mehr aufhören, der Hubschrauber muss kommen, pack zusammen, schnell, bevor du umkippst. Angstverzerrt blicke ich wimmernd auf meinen Arm unterhalb der Wunde. Dort habe ich mir vor Jahren ein für mich wichtig gewordenes Wort an die Außenkante meines Handgelenkes tätowiert.

„Atme".

Ich schließe meine nass erröteten Augen und nehme einen tiefen Atemzug. Die kühle, feuchtwarme Luft strömt in meinen Körper. Wieder einen Zug, noch einen, tief atme ich gleichmäßig ein und aus. Wieder und wieder, Zug um Zug. Ich nehme wahr, wie mein Puls sich beruhigt, wie meine Gedanken sich sanft klären und der lodernde Zorn und Groll der bellenden Dämonen abebbt.

Der wilde Ritt nimmt gemächlich ein Ende. Ich beruhige mich. Ich werde still in mir.

STOP
Stop
zu den
Stimmen
in meinem
Kopf

Das tröstende Taschentuch umsorgt meine klaffende Wunde. Alles scheint stillzustehen, ist ruhig, sanft. Die Wolken lichten sich, wie meine hässlichen, Fratze ziehenden Gedanken. Wohlig warm kehrt mein gleichmäßiger Herzschlag zurück. Dankbarkeit durchströmt meinen geschwächten und müden Körper.

Stille.

Stille.

Sie ist mir eine neugewonnene Freundin geworden. Eine Hüterin, eine Wächterin dieses kostbaren, strahlenden Moments. Feuchtkühl rinnt Träne um Träne an meinen Wangen hinab. Ich gebe mich dem zarten Augenblick hin und finde Frieden in meinen Gedanken.

Stille.

Johanna besucht mich an diesem Mittag und setzt sich mit mir außerhalb meines Kreises auf moosig bewachsene Steine. Ich erzähle ihr, was sich bei mir seit gestern Nacht zugetan hat. Von den Wundern, der Magie und dem Drama in meinem Kopf. Ruhig, klar und beachtend hört sie mir nur zu. Dann erzählt Sie mir von einem tibetischen Ritual aus der buddhistischen Tradition, zu lesen in dem Buch *Den Dämonen Nahrung* geben von Allione Tsültrim.[2]

„Wenn die Dämonen in Dir Überhand nehmen, werde still und setze dich hin. Atme den Dämon aus dir heraus und schau ihn einfach an. Wie sieht er aus? Wie ist seine Gestalt? Dann frag ihn schroff und laut, was willst du? Wechsle den Platz und antwortet anstatt seiner. Nun wechsle erneut auf deinen Platz und frage ihn wieder.

Diesmal sanfter. Was brauchst du von mir? Schau auf seine Gestalt, wie sie sich verändert. Was er jetzt benötigt." Sie sagt zu mir, meist braucht der Dämon Liebe und Anerkennung, um wahrhaftig gesehen zu werden.

„Tausche wieder den Platz und antworte für ihn. Nun wechsle ein letztes Mal auf deinen Platz und atme deinen nun geheilten Anteil wieder in dich ein."

Ich stelle mir vor, wie heilsam es sein muss. Wie wundervoll und mutig, sich auf einer solch rituellen Weise so nah seinem eigenen Schatten zu begegnen.

Wenn ich das nächste Mal wieder mein Gedankenkarussell kreisen sehe, sage ich innerlich Stopp und nehme meine Dämonen in den Arm.

Schläfrig winden sich die Stunden tropfend durch meinen Tag. Alles ist feuchtklamm, nass, ungemütlich, zermürbend. Ich denke nichts und wieder alles. Wie Wellen schwappen die Gedanken durch meinen Kopf. Nichts ist wichtig, nichts gibt es zu tun. Mein Körper liegt steif und zusammengekrümmt im Schlafsack, ist schwach, hungrig, leer. Ich nicke immer wieder ein, versuche zu schlafen. Hämmernde Tropfen reißen an meinem Schlaf. Ich beobachte mich, den Moment, blicke öde, fad hinaus aus meinem Zelt. Mein Blick schweift in die Ferne. Seit Stunden regnet es. Die unterschiedlichen Arten von Regen sind fantasievoll von der Natur erdacht.

Fadenähnliche, dicke, plätschernde Tropfen, Sprühnebel, prasselnd rasselnde Donnertropfen, hüpfende Einzeltropfen, hängende Tropfen, seitlicher Regen, vom Regen in Wellen getragener Regen, pulsierend wiederkehrender Regen, wirbelnder Regen, Springtropfen, Nieselregen, satt warmer Regen.

Ich ziehe meinen Blick aus der Ferne ab und beobachte meinen kleinen Wegbegleiter. Immer wieder taucht sie auf, die Ameise. Krabbelt flink über meine mitgebrachten Gegenstände, meine Hände, meine Füße.

Was ist die Qualität der Ameise? Sie ist schnell, klein, windig, sehr fleißig, kann wahnsinnig viel tragen und lebt in einer großen Gemeinschaft, in der Jede ihren Platz hat.

Wiederkehrend verbinde ich mich mit meinen Fragen. Wer bin ich wirklich? Was habe ich zu geben? Wo ist mein Platz in meiner Gemeinschaft? Welchen Raum möchte ich einnehmen?

Liegend kreisen meine Augen nachdenklich über den Stoff des Zeltes. Spielende Regentropfen verbinden sich zu Seen und tanzen wieder auseinander.

Der Tag zieht wie Kaugummi lange Fäden. Träge, müde und bewegungslos ruhe ich in mir. Es gibt nichts zu tun. Ich bin einfach nur. Hier, ganz mit mir, mit allem, was mich ausmacht, mit allem, was in mir noch verborgen liegt. Mit allem Unsichtbaren, das sich hier oben endlich gezeigt hat, das ich annehmen und heilen konnte. Ich bin nackt und rein, ohne Ballast von außen, hingebungsvoll im Sein, nur mit mir, sitzend. Zum ersten Mal in meinem Leben fühle ich mich angekommen in mir, ganz nah bei mir selbst. Friedvoll, roh, pur, dankbar für jeden kleinen Moment.

Es ist mein vorletzter Tag, morgen Abend steige ich wieder ab und treffe mich mit allen Frauen in der kleinen, urigen Holzhütte. Ich sinniere: Was haben sie wohl erlebt? Wie erging es ihnen mit sich? Konnten sie ihre Fragen ebenso wie ich beantworten?

Das Wetter wird dichter, düsterer, es ist gefühlt Nachmittag. Die Wolken hängen nass und schwer über dem Berg, bereit sich komplett zu entladen. Ich kehre in mein Zelt zurück, denn der Regen nimmt langsam zu. Stunde um Stunde fließt zäh, bewegungslos durch meinen Tag.

Der trommelnde Regen klopft rhythmisch auf die Plane meines Zeltes. Nur ein kleiner Spalt eröffnet mir die Sicht nach draußen und ich beobachte das Naturschauspiel, wie sich bedrückend finstere Wolken zusammenbauschen. Wieder und wieder sammeln sich Donnerkrieger am Himmel und grummeln in weiter Ferne noch zaghaft, eröffnen das heranziehende Gewitter.

Mein Magen stimmt ein, rumort, zieht sich zusammen, sticht und piekst mich in meinen Bauch. Mir ist kalt vor Bewegungslosigkeit. Frierende Schauer lassen meine Nackenhaare aufstellen und entziehen mir meine restliche Energie. Dennoch ruhe ich satt in mir. Hunger ist ein immer wiederkehrender und gehender Zustand. Nicht bedrohlich, nicht zerrend, einfach nur da.

Friedvoll nachdenkend resümiere ich über meine Bergzeit.

Diese meine Reise war das größte und zugleich tiefste Geschenk an mich selbst. Ich nehme mit, dass ich dankbar für meine wiederentdeckte kindliche Seite bin, die ich ausleben möchte. Dass ich mir Zeit nehmen darf, um standhaft meine Stimme zu finden, meinen Platz im Leben einzunehmen. Ich nehme mit, dass diese tiefe und wundervolle Erfahrung mein Leben mit frischen, bereichernden Fragen gefüttert und mich neu erfunden hat. Ich nehme mit, dass Frauen wertvolle Begleiterinnen sind und die Gemeinschaft miteinander heilsam und nährend ist. Ich nehme Freude und Leichtigkeit mit, und dass ich lernen darf, im Augenblick zu verweilen und die Schönheit eines jeden Moments wieder zu entdecken. Die wertvollste und wichtigste Erkenntnis jedoch ist präsent, leise, satt, geballt, unbändig, berührend, in allen Facetten bunt, hell und klar, mitreißend, sanftmütig, brutal beißend, ziehend und zerrend, friedvoll liebend, heilend.

Die Stille.

So zählte ich die Tage

In den Bergen lasse ich meine Angst vor der Natur, meine Sorgen und Nöte, höre mir bewusst zu, wenn Dämonen an meine Tür klopfen. Lasse die Vorstellungen da, wie ich zu sein habe, weil andere das gern so sehen, lasse den Vergleich los und bleibe klar bei mir.

Der Abend bricht langsam ein und ich liege bereits eingemummelt in meinem Schlafsack. Ein lehrreicher Tag liegt hinter mir. Es ist faszinierend, wie die Natur uns beeinflusst, in ihren Bann zieht. Wie Sonnentage das Gemüt erheitern, einen tragen und leichtfüßig durch den Tag schweben lassen. Wie Regentage an den Gedanken nagen, Sorgen leichter präsent werden, Dämonen die Angst riechen und aus dem Erdreich kriechen. Dennoch sind beide Qualitäten unglaublich wichtig. Den Schatten sichtbar werden zu lassen, ihn wahrzunehmen, anzunehmen und das Licht, die leuchtende Energie, um aufzutanken, neue Vitalität zu erlangen.

Ich schließe ruhig meine Augen. Die Wärmflasche an meinen Füßen schenkt mir Geborgenheit, ein kindliches Glücksgefühl, der Schlafsack hält mich wärmend in seinen Armen, ist eng an meinem Körper. Nährend, wärmend, leicht in Gedanken liege ich in meinem Zelt und lausche den Regentropfen. Es tröpfelt vereinzelt. Abwechselnd hinter mir, vor mir. Dumpf dröhnend, wieder hell rhythmisch klopfend, tropfend, klatschend, prasselnd. Aus dem leichten Schauer, der vom Wind hin und her getragen wird, werden hart trommelnde Regentropfen, die wie wild rasselnde Kastagnetten klingen. Donnergrollen nagt verwegen am Berg, es grummelt leise, zaghaft, sich nicht heraustrauend, wartend, um mich herum. Noch scheint es in weiter Ferne, doch die Blitze ziehen wie helle Pfeile nach, erleuchten den nachtschwarzen Himmel. Umrisse von Ästen und Zweigen kratzen bedrohlich, wie beweglich feingliedrige Spinnenhände am Zeltdach. Heftig schlägt der Donner, wie eine Speerspitze, neben mir ein und fährt mir durch Mark und Bein. Der Regen prasselt satt, wieder peitscht der Blitz laut krachend durch den Berg, zerschlägt ihn vom gefolgten Gefecht der Donnerarmee. Es knallt brechend über das Tal, wieder und wieder hallt es heftig nach. Blitze peitschen über den Berg, wie wild gewordene Hexen, die kichernd kreischend über das Massiv reiten. Mein Körper vibriert, wird geschüttelt von der aufgeladenen Energie. Pulsierende Schauer durchfahren meinen verängstigten Körper. Mein Herz rast, mein Magen rumort, zieht sich wieder und wieder zusammen, gepeitscht, herumgeschleudert von Donner und Blitz. Beklemmend, verharrend ziehe ich den Schlafsack fest über meinen Kopf. Ich versuche mich in meinen Gedanken zu beruhigen. Ist das der Abschied der Berge?

Da durchfährt es immer heftiger meine Glieder, der Donner folgt dem hell einschlagenden Blitz. Es ist ganz nah, neben mir, bei mir, rüttelt und peitscht mich. Ich zittere am ganzen Körper, meine Lippen sind vor Anspannung fest aneinandergedrückt. Beklemmend, pulsierend durchfährt Hitze und Kälte meinen schwachen Körper. Wieder und wieder kracht der Donnerblitz bebend neben mir ein, bricht scheppernd, laut schreiend, getragen vom Rasselregen durch das hohle Tal. Angespannt lausche ich meinem Atem. Versuche mich zu beruhigen.

Atme tiefer, gleichmäßiger. Stunde um Stunde nagt das Gewitter beißend und bellend an mir und meinem Zelt. Der Wind fegt prustend an meinem Zelt vorbei, bläst kräftig, sodass er die Anker wie wild aus der Erde zu ziehen versucht. Wieder und wieder beruhige ich meinen Atem. Nähre meine Gedanken mit guten Gefühlen, atme, gleichmäßig und tief, immer tiefer, ruhender, sanfter, länger. Endlich komme ich wieder zu mir, mein Puls beruhigt sich, das Blut in meinen Adern weicht dem tauben, unbeweglichen Gefühl. Ich verspüre wieder Wärme, Erleichterung ohne Anspannung. So wie ich mich beruhige, beruhigt sich auch allmählich das tobende, wütende Gewitter. Es wird leiser, ruhiger, dumpfer, die Gewitterbahnen ziehen ab, vereinzelt grummelt es im Tal, bis es ganz verstummt.

Ich atme.

Atme.

Stille.

Tag 7 – Abschied vom Berg

Der letzte Tag im Kreise meiner Steine ist angebrochen. Der nieselnde Regen verstummt langsam und ich schäle mich erschöpft und erleichtert aus meinem Schlafsack, schaue mich um, und bin ergriffen. Der Blick nach draußen eröffnet mir Klarheit, die ich auch im Innen verspüre. Losgelöst, leicht, kostbar zart verspüre ich tiefe Dankbarkeit diese Nacht überstanden zu haben. Den wild gewordenen Höllenritt, der mir einiges abverlangt hat.

Ich richte meinen entkräftet, müden Körper auf, koche heißes Wasser und vollziehe mein morgendliches Waschritual. Ein Hochgenuss diese Einfachheit, das verbindend glückselige Gefühl der Wärme, das Zelebrieren, meinen gepeitschten, schwachen Körper zu umsorgen. Bei geöffnetem Zeltausguck luge ich nach draußen. Wie glitzernde Perlen reihen sich die zarten Tautropfen auf dem Gras aneinander. Mein Blick wandert in die Ferne. Alle Facetten von Grautönen durchzeichnen den Himmel. Grauanthrazit, mausgrau, weiches aschgrau, weißgrau, blassblaugrau. Zwischen zerfetzten Schleierwolken thront das sanfte Mammut von Bergmassiv gesättigt, triefend nass vor mir und die geklärt kühle Bergluft schenkt mir einen würzig süßlichen Harzduft.

Mein Zeitgefühl hat mich verlassen, alles ist friedvoll, sanft, geklärt, gereinigt.

Nichts hat sich äußerlich verändert und doch einiges in mir.

Meine
Feuerstelle

Dankbar, wehmütig und beflügelt erkenne ich mein Neues Ich. Ich bin klar und fokussiert, sehe meinen strahlenden Weg vor mir, meine Vision für ein neues Leben und die Freude der herannahenden Zukunft. Ankere mich fest im Moment und schicke Anerkennung für den einzig änderbaren Zeitpunkt. Dem Jetzt.

Es ist erstaunlich, zum ersten Mal warte ich nicht, sondern genieße die Zeit, den kostbaren Augenblick. Den Moment. Die Stille. Im Gras sitzend fahren meine Blicke über den mir liebgewonnenen Platz. Ich atme tief ein und aus, atme die satte, sich erwärmende Gebirgsluft ein und nehme einfach nur wahr.

Es ist gefühlt Mittag, die Sonne steht hoch am Himmel und erwärmt das Land. Ich halte inne vor tiefer Demut und Dankbarkeit für diese wunderschöne Natur und schließe die Augen. In Gedanken halte ich die neugewonnen kostbaren Momente wie einen Anker fest und denke über die letzten Tage noch einmal nach. Mit einer unerwarteten Schnelligkeit kann sich dein Leben ändern, kann es gar zu spät sein und können neue Erfahrungen das Tor zu einem neuen Leben sein. Ich werde den Mut aufbringen, ein wahrhaft erfülltes Dasein zu leben. Mir das Versprechen geben, mich an diesen Moment, an diese Reise immer wieder zu erinnern. Innerlich lächelnd nehme ich wahr, dass das wärmende Sonnenlicht tief in meine Haut dringt, mich schützend und geborgen festhält, wie die Arme einer liebevollen Mutter. Ein kribbelndes Glücksgefühl durchfährt meinen gesamten Körper, strömt anmutig, leichtfüßig von meinen Füßen hoch bis zu meinem Kopf. Wieder und wieder fließt diese wunderbar warme Energie durch meine Glieder, beglückt mein freudvoll hüpfendes Herz. Tiefe Atemzüge verstärken den Moment der puren Glückseligkeit. Ich öffne wieder meine Augen. Sehe den mir gegenüberstehenden Berg, wie er, von weißen Wolken umgeben, wie gezupfte Zuckerwatte ausschaut.

Die Beobachtung ist ein Geschenk des Moments, denke ich bei mir.

Die Zeit verstreicht, Stunden trotten müde durch den Tag, tapern wie eine gemütlich umherstreifende Katze um meine Beine. In meinem Zelt sitzend warte ich auf den Augenblick, den Platz verlassen zu dürfen, mich endlich wieder zu bewegen, alle anderen wieder zu sehen, im wärmenden Haus endlich Platz zu nehmen.

Ich warte, Stunde um Stunde. Bleibe im klebrigen Moment stecken. Warte und spüre die sich nähernde Anspannung. Langsam verwandelt sich das stille Nichtstun in pures Genervtsein. Ich beobachte interessiert meine heranziehenden Gedanken. Sie sind anstrengend, laut, aufgeladen und zerren an meiner liebgewonnenen Stille. Reißen an dem leisen Moment.

Regen setzt so plötzlich ein, wie das grob plump motzende Getöse in meinem Kopf. Die Tropfen hämmern gewaltig an meinem Zeltdach, werden immer lauter und dichter, prasseln gewaltig rasend, wildstürzend nieder, ergießen sich förmlich über mir. Es ist beklemmend laut, überlaut, wild schreiend, grässlich, zornig, messerscharf, wüst.

Meine Gedanken reiten wie wildgewordene Pferde durch meinen Kopf und ich erkenne in all diesem Geschrei, die wichtige Botschaft für mein Leben.

Die zarte Stille lässt dich tiefer in dein Seelenreich eintauchen und der laute Lärm erinnert dich an deinen lebendigen Körper, zu leben und beweglich aktiv zu werden. Beides bedingt sich und gehört zueinander und die Kunst besteht darin, einen Ausgleich zwischen den beiden Polen zu finden. Hier in diesem Augenblick habe ich das Gefühl, Leben erst richtig verstanden zu haben. Ich darf beides annehmen, wie es kommt, und nicht zu tief in einem Zustand verweilen. So wie es ist, in jedem Moment.

Der schreiende Regen holt mich aus meinen Gedanken. Wie paralysiert bin ich gefangen in diesem Moment, der Regen hypnotisiert meine Sinne und ich habe das Gefühl, Stimmen zu hören. Hellklingende Frauenstimmen, die feenartig den Augenblick besingen. Leuchtend klar, mystisch, erdend, verbindend. Ich öffne das Zelt einen Spalt weit, werde nass von den mich treffenden Tropfen und horche in die Natur hinein. Jetzt werden es greifbarere Stimmen, ich höre meinen Namen, wieder und wieder wird die Stimme lauter und kämpft sich durch den dichten Regen, schreit und bellt mich an. Es ist Andrea, eine Teilnehmerin, die mich an unseren Aufbruch erinnert, es ist endlich Zeit zusammen zu packen, Zeit meinen Platz zu verlassen und hinabzusteigen.

Mit meinem gepackten Hab und Gut stehe ich nun ein letztes Mal in meinem Steinkreis. Ich spüre ein inneres Kribbeln, Leichtigkeit und Demut. Dankbarkeit für diesen Moment, Dankbarkeit für diese Erfahrung und den neu gewonnenen Schatz. Leise sammeln sich dicke Tränen in meinen leuchtend strahlenden Augen und laufen an meinen Wangen hinunter. Den Steinkreis öffnend schenke ich ihn nun wieder Mama Erde, so als wäre nichts passiert und ich nie hier gewesen. Ein demütig tiefer Gedanke berührt mich: An manchen Orten sind wir nur für einen Moment zu Gast, tragen die Erinnerung jedoch bis in alle Ewigkeit in uns.

Ergriffen und freudig beschwingt laufe ich barfüßig den steilen, nassen und moosigen Berg hinab. Meter um Meter fühle ich mich leichter, heiterer und begeisterter, dankbar für die reiche Erfahrung. Am Ende des Weges, am unteren Rand des Berges, sehe ich bereits weitere Teilnehmerinnen an unserem ausgemachten Treffpunkt. Freudig strahlend, wie neugeboren schauen mich ein Dutzend glücklich kindlicher Augen an. Wir sind still miteinander, behalten unseren Schatz noch gut behütet in uns und gehen gemeinsam Richtung Haus. Jeder Schritt auf den nassglitzernden Steinen ist ein Abschied und Neubeginn zugleich, ein Aufbruch in eine neue Welt, in ein neues Leben.

Beschwingt und lachend treffen wir am Lager ein. Wir werden von schamanischen Trommelschlägen begrüßt. Der Moment steht wie still, ist atemberaubend bewegend, friedvoll, kriegerisch, urgewaltig, eindringlich leuchtend. Es scheint wie das Anknüpfen an das Wissen unserer Ahnen, den Frauen der alten Zeit, an ein Wissen, welches unerklärlich eindringlich, machtvoll und mütterlich nährend ist. Der Raum ist wärmend, vom alten Ofen angeheizt, gnädig, gütig, umsorgend gemütlich. Es duftet nach frisch gekochtem Essen und der Raum ist erfüllt von zauberhaften, feengleichen Wesen, von wunderschön leuchtenden, wissenden Frauen.

Johanna steht glückstrahlend am Eingang der alten Stube, in der wir uns bisweilen immer versammelt haben und bittet uns nacheinander einzutreten, unseren Raum einzunehmen. Liebevoll und lebendig werden wir mit einer rituellen Waschung begrüßt. Das Gesicht benetzt von feinen Blütenblättern, treten wir ein. Alles ist still, keiner spricht, denn der Augenblick ist zu magisch, um ihn verbal zu benennen, ihn mit falschen Wörtern zu zerbrechen. Zufrieden strahlende Gesichter erfüllen den Raum, satt ihrer Eindrücke und doch körperlich hungrig, fiebernd auf das bevorstehende Mal.

In der Mitte des Zimmers stehen liebevoll angerichtete Töpfe, Schalen mit dampfend, erdig duftenden Speisen, die köstlich den Raum erfüllen. Meine Augen wandern von Gesicht zu Gesicht, ich schaue mich um, alles ist still, friedvoll beseelt im Augenblick. Dankbar für das warme Essen.

Freudestrahlend nehme ich mir einige Kartoffeln und bin wie außer mir, als ich den ersten Bissen zu mir nehme. Der süßlich aromatische, volle Geschmack der Kartoffel lässt mich zufrieden grinsen. Für einen kurzen Moment halte ich inne und denke: Wie wertvoll und kostbar sind solche Momente, in denen wir uns wieder voll und satt spüren, das Nährende dankbar wahrnehmen und den Augenblick als Geschenk fest in uns verankern können.

Wie herrlich verspielte Kinder verbringen wir den Abend miteinander. Erzählen uns gegenseitig Geschichten bei Kerzenschein. Lachen, weinen, sind satt von den Erlebnissen, die in unseren Zellen schlummern. Die nährende Speise hat uns belebt, wieder zu Kräften animiert und unseren müden Körper begierig gestärkt. Allesamt sind wir hungrig und fiebernd, die Erlebnisse zu teilen, und doch dürfen wir sie nicht an diesem Abend preisgeben.

Ich schließe diesen Tag mit den Gedanken vom Berg und falle daraufhin in einen wohltuend entspannten Schlaf: Die Stille in mir ist wunderschön, sie ist klar und weise, kommt ganz leise. Die Stille in mir ist rau und schroff, lehrt mich zu lauschen und Gedanken ziehen zu lassen. Die Stille in mir öffnet mein Herz für das Leben, schenkt mir die Klarheit und Kraft für den Weg, der nur der meine ist.

Tag 8 – Der heilende Frauenkreis

Der letzte Tag vor unserer Abreise ist angebrochen. Meine müden und doch leuchtenden Augen öffnen sich langsam, nehmen den Raum wahr, in dem ich die Nacht verbracht habe. Ich bin beglückt und beschenkt, denn in der Nacht hatte ich kraftvoll, fantasiegeschmückt, lebendig farbige Träume. Träume meiner Zukunft, meines sehnenden Neubeginns.

Ich schäle mich leise aus meinem Schlafsack, ziehe mich an und trete unbemerkt geräuschlos aus dem Zimmer, hinaus in den klaren Morgen. Für einen Moment verweile ich auf der Bank, die vor unserem Haus steht. Setze mich in eine Decke gewickelt auf das noch taufrische Holzbrett und wandere mit meinem Blick über den schroffen Felsen, den in gelbrötlich, zartrosa getunkten Bergfirst. Weit zur anderen Seite liegt das Tal geborgen im Schoß der Bergrücken. Mein Blick wandert weiter. Hoch am Himmel tanzen die Wolken elfengleich miteinander, begehren und zerreißen sich, steigen in die Lüfte und vereinen einander in einem schwärmenden Liebesakt. Das Naturschauspiel ist atemberaubend berührend, und die würzig grasige Bergluft entzückt all meine Sinne. In mein kleines Notizbüchlein schreibe ich:

Um Kräfte zu tanken und Einsicht zu erlangen, muss ich das Leben einen Moment anhalten. In Stille gehen, ganz bei mir sein, um Antworten bitten und Klärung empfangen.

Im Haus ist es heute morgen bereits mollig warm, ein mir liebgewonnenes, vertrautes Gefühl von weiblicher Verbundenheit tanzt im Feld umher, und vereinzelt sehe ich hier und dort bereits Frauen sitzen. Sie lachen und scherzen miteinander, leicht und Wortreich beim Austausch der Gemeinsamkeiten. Ich setze mich dazu und bin entzückt. Vor ein paar Tagen waren wir angespannt und schwermütig, trugen Geschichten mit uns, die es anzuschauen galt, waren gefangen in unseren glühenden Überzeugungen. Jetzt und hier scheint es wie verflogen. Wie ein Geschenk, das uns allen gereicht wurde, das uns verzauberte in unserer Stillezeit und zu uns zurück fand. Das Gefühl von innerer Stärke und ruhigem, kraftvollen

Wissen über Zeit und Raum. Wiederkehrend nährt mich der neue Gedanke: Stille ist ein größeres Geschenk, als ich annahm, denn in ihr stecken alle Antworten auf Fragen, die wir nie gestellt hatten, auf Wissen, das wir anders nicht gefunden hätten, auf Güte, die uns keiner hätte lehren können, auf Liebe, im Kern versteckt und gut behütet, und auf Leichtigkeit, die wir anders nicht hätten erfahren können. In mir steigen leuchtend glitzernde Schmetterlinge empor und erfüllen meinen gesamten Körper. Ich verspüre ein großartig sattes Einheitsgefühl und schimmernd lebendige Zufriedenheit voller sanfter Schönheit.

Wir versammeln uns unter magisch vibrierenden Rufen der dunkel klingenden Trommel. Wieder und wieder ertönt der Schlag, satt, erfüllend. Der Ton nährt den Raum und umhüllt ihn wie einen Schutzmantel. Es finden alle Platz in dem kleinen, urigen Raum und der Duft von frisch verbranntem Nadelholz, würzig wahrnehmbarem Baumharz, liegt in der Luft.

Es wird still.

Ganz still.

Johanna, die Schamanin ergreift das Wort:

„Es ist wichtig, dass ihr diesen neu gewonnenen Schatz liebevoll behandelt, sanft und gütig mit ihm seid. Ihr werdet euch in kleinen Gruppen zusammentun und austauschen, zu zweit, zu dritt über das Erlebte sprechen. Nicht zu detailliert, nur erste Worte tauschen. Lasst den Sprechenden ohne Kommentar reden, hört nur zu, ohne eine Wertung abzugeben und wechselt danach."

Es wird kindlich wuselig. Jede findet ihren Platz in einer Gruppe. Der Raum wird mit Worten erfüllt, berührt und mit unschuldig schimmernden Geschichten belebt. Wir finden uns rasch. Tauschen nacheinander die Worte, bleiben lautlos, während eine spricht. Meine zwei Partnerinnen hören mir andächtig zu, sind ganz still, erwartungsvoll, tragen mich liebevoll, indem sie nur da sind. Enge krabbelt meinen Hals entlang, alles zieht sich innerlich zusammen, ich zittere, kann kaum Luft holen und erste Tränen sammeln sich in meinen Augen. Ich darf nicht zu detailliert erzählen, nur erste Luft entweichen lassen wie aus einem angefüllt gestauten Ventil. Darüber in diesem Moment zu sprechen, fühlt sich nicht greifbar, weit weg an, als wäre ich noch nicht wieder abgestiegen, säße noch in meinem Zelt und würde mir Fragen stellen. Doch nach und nach bemerke ich die Erleichterung, ein Teil meiner erlebten Geschichte erzählen zu dürfen, und in diesem Moment kommt mir dieser sehr präsente Gedanke: Sich auszutauschen ist für uns Menschen essenziell wichtig, denn nur durch mein Gegenüber werde ich gespiegelt und kann mich in meiner Person wahrnehmen, kann die Empathie erwidern und selbst als Ich ganz werden.

Wenn ich mich im Raum umschaue, sehe ich erleichternd friedvolle, lächelnde Gesichter. Die Schwere, das Angespannte weicht mehr und mehr. Es wird leise, denn die erste Arbeit ist vollbracht, der erste Austausch hat unsere hungrige Sehnsucht gestillt, Erlebtes loszulassen wie einen unbändig bellenden Hund. Im Licht tänzeln kleine Staubflocken, wiegen sich in unserem Atem. So ein magisch klarer Moment, so liebevoll andächtig, so mutig weiblich, denke ich bei mir. Einzelne Sonnenstrahlen fallen wie leuchtende Schwerter in den Raum, teilen den Moment und rufen zur ersehnten Pause auf.

Sich die Füße zu vertreten, scheint in diesem Moment genau das Richtige zu sein. Ich trete hinaus. Der Regen hat die warme Sommerluft geklärt. Bei geschlossenen Augen nehme ich tiefe und satte Atemzüge. Ein und wieder aus, wieder ein und wieder aus. Meine Gedanken wirbeln wie zappelig trampelnde Kinder in meinem Kopf umher. Ich darf gleich meine Geschichte wie alle anderen preisgeben. Davon erzählen, was ich erlebt habe, wie tief meine Erlebnisse waren. Was möchte ich berichten? Was möchte ich teilen und welchen Schatz lasse ich in mir verborgen?

Meine noch verschlossenen Augen öffnen sich langsam spaltbreit und ich blicke andächtig in die Weite. Der Tag ist satt erwacht, die Berge steigen aus den Wolkenreihen auf und bilden eine Krone um das Tal. Friedvoll, still scheint alles bewegungslos, und der Blick in die Ferne verzaubert auf magische Weise all meine Sinne, lässt meine Augen an dem im Sonnenlicht thronenden Berggipfel verharren. Genährt folge ich wieder dem dumpfen Ruf der Trommel und trete in die warme, geborgen umhüllende Stube ein.

Nach und nach nehmen wir wieder unsere Plätze ein und sind wach und klar von der kleinen Unterbrechung. Alles beruhigt sich. Ich spüre, wie sich der vereinte Atem einander angleicht. Als würden wir in einem gleichmäßigen Rhythmus, pulsierend wie ein Herz, gemeinsam ein Organ nachahmen. In diesem stillen Moment ergreift Johanna das Wort: „Ich möchte euch bitten, nacheinander euer Erlebtes zu erzählen. Was habt ihr als besonders empfunden, und was hat euch tief bewegt? Was möchtet ihr mit uns, der Gruppe, teilen. Aber bevor ihr gleich mit eurer Geschichte einsteigt, sucht ihr euch bitte eine Partnerin aus. Diese eure Schwester wird euch über diese Zeit hinaus begleiten. Sie wird euch in euren Wünschen und Vorstellungen bekräftigen, euch auf eurem Weg stärken und unterstützen. Erinnert einander an eure Ziele, an eure Wünsche, wenn ihr bereits wieder in eurem Alltag seid."

Leise murmelnd wandern wach leuchtende Augen durch den Raum, entzückt von dieser wundervollen Idee. Blicke ziehen umher. Wie eine im Moment verharrende Katze schleichen wir uns gemächlich tastend vor, Jede für sich. Wer offenbart sein Inneres, ist mutig sich der Gruppe nackt und roh hinzugeben? Wie werden wir auch jetzt unseren Platz einnehmen? Bin auch ich bereit mein Herz zu zeigen? Gedankenverloren beobachte ich das Geschehen.

Eine nach der anderen öffnet ihr Inneres. Ich kann mein hüpfendes, wild klopfendes Herz in meiner Brust spüren. Es pulsiert ungestüm, unanständig wie eine wildgewordene Raubkatze. Rhythmisch, aufgeregt, den Geschichten lauschend, nehme ich die Eindrücke dieser Frauen in mir auf. Jede Geschichte geht in Resonanz mit mir. In jeder Erzählung, in jedem Erlebten finde ich Teile von mir wieder. Die wirbelig warme Luft der Stube lässt die Staubflocken wild zappelnd tanzen. Sie balgen und winden sich im Hochgefühl der Erzählungen. Nach und nach füllt sich der aufgeheizte Raum mit tief bewegend lodernden Geschichten. Die Eindrücke verschmelzen wie leuchtend goldschimmernder Honig, tanzen ein Liebesfest aus hocheuphorisch, berauschend strahlenden Gedanken. Tränen fließen unaufhaltsam an den Frauengesichtern hinab, ergießen sich zu einem erlösten, gereinigten Bach aus neuen Vorstellungen und Überzeugungen. Wieder und wieder, wimmernd und gebrechlich, helfen wir einander auf. Zähmen die wildgeworden, gefräßigen Empfindungen aus vergangenen Zeiten. Trösten den Schmerz der alten Frauen, unserer Ahnen und Urahnen. Stützen und tragen unsere mutig geschlagenen Seelen und salben ihre offen klaffenden Wunden. Stunden tanzen wir im Rausch der Sinne, im Akt der unverhüllt nackten Gedanken. Dämonen aus alten Tagen haben uns wild zugesetzt. Ihnen mutig zu begegnen war ein Kraftakt, ein Akt der Demut und Dankbarkeit, um Vergangenes zu erfahren und zu empfangen.

Der Tag wandert im strahlenden Sonnenlicht, schenkt uns Geborgenheit und Halt für diesen letzten, sehr tief transformierenden Akt von mutiger Liebe, Verbundenheit zum allumfassend weiblichen Feld und der Hingabe zu Mutter Natur. Der Reigen der Gefühle, das prasselnde Feuer jeder Erzählung weckt tiefe Empfindungen in mir und ich erkenne in diesem Moment, dass ich Teil einer magischen Widergeburt jeder einzelnen Frau bin. Ich spüre die Qualen der Hingabe, das sich windende Ego, das trotzig stampfend um sich schlägt und um Hilfe schreit. Tröstend anerkennend nehmen wir die verletzten Teile in uns auf, geben uns dem Nichtwissen hin, vertrauen dem Augenblick und erkennen an, dass alles mit uns selbst zu tun hat. Alles Erlebte, jede einzelne Geschichte ist auch Teil unserer Geschichte.

Jula und Johanna stützen und halten den energiegeladenen Raum der Verwandlung. Geben immer wieder mütterlich liebevolle Impulse zu jeder einzelnen Geschichte und streicheln mit tröstenden Augen mitfühlend sanft über unsere verletzt neugeborenen Seelen.

Meine Gedanken werden durchbrochen und durch das geöffnete Fenster weht eine frische, nach Kräutern duftende, Brise herein. Der Hauch wachküssender Bergluft ist klärend, reinigend. Draußen tanzen die Sonnenstrahlen mit bunt schimmernden Regentropfen und klopfen leise an unser Fenster.

Was Johanna an diesem Nachmittag in das Feld gibt, klingt lange in mir nach.

„Erkenne das Geschenk deiner Metamorphose an. Wer bin ich in der Tiefe, wenn alles wegfällt? Gibt es etwas, was ich mir und anderen noch nicht vergeben habe? Schaue dir dein Leben an und verneige dich in voller Dankbarkeit und Demut vor dem, was das Leben dir gerade gibt. Gebe dich dem Nichtwissen hin. Suche nicht verzweifelt. Sehne dich nicht zu sehr, denn die Sehnsucht kann nie der Weg sein. Es ist eine Falle, in ihr hängen zu bleiben. Drehe eher die Richtung deiner Sehnsucht um 180°C, nach innen. Zu deinem allwissenden Kern. Sorge erwachsen für dich und deine Wünsche. Sorge für dich selbst und schenke dir dadurch Kraft. Mit diesem neuen Lebensmut kannst du dir die Frage stellen. Was möchte ich nach dieser Erfahrung Neues tun? Was möchte ich erleben? Und dann treffe eine Entscheidung für dich und dein Leben und zieh das Schwert aus der Scheide, gehe mit mutig erhobenem Haupt deinen Weg! Es ist dein Weg und dein Leben. Du darfst dich spüren und erleben, denn du bist eine Frau, die…?"

Beseelt und getragen vom Augenblick beobachte ich das reine und zerbrechliche Momentum. Den Zauber des verbundenen Atems, der Sanftheit zueinander, dem tragenden Füreinander. So kostbar, so klar, so rein die beseelte Schönheit, die Annahme von nicht geheilten Teilen.

Ich schaue mich an diesem heranziehenden Abend ein letztes Mal in dieser Runde um. Wunderschöne, starke, liebevolle Frauen voller anmutiger Schönheit sind auf dieser Reise geboren. Sie konnten allesamt ihre Verletzungen anschauen, teils ablegen, sich nackt und roh begegnen und Antworten empfangen, auf Fragen, die sie nie gestellt hatten. Durch weit geöffnete Herzen entstand Heilung und Vergebung, neue Tatkraft für das eigene Leben. Mit der letzten uns gestellten Frage ziehen wir gemeinsam in die Nacht, den klärenden Schlaf. Was nährt mich in meinem Leben wirklich?

Wenn ich tief in diese Frage reinspüre, entsteht zum ersten Mal in meinem Leben eine tiefe umarmende Sanftheit für mich selbst. Ein mütterlich fürsorgliches Gefühl aus dem in mir wohnenden lebendigen Kern, meinem Selbst.

In meinem Schlafsack eingemummelt setze ich mich in meinem Bett auf. Es ist still, wunderlich berührend, ganz ruhig und bedächtig. Ich nehme den lieblich wohligen Geruch von würzigem Zirbenholz wahr, den aromatischen Hauch von frisch verbranntem Holz aus dem Kamin und den streng blumigen Ziegenduft. Meine Augen wandern zum Fenster, hinaus in die schwarze, finsterdunkle Nacht. Der Mond steht hell erleuchtet am Himmel und wirft seinen silbrigen Schein auf die Hügelketten. Es scheint wie eine sanfte Umarmung, ein Mantel, der behutsam schützend über den Berg wacht. Mit dem hereinfallenden Mondschein steigen in mir wehmütig sehnende Gedanken auf. Gedanken an zu Hause.

Werde ich die neugewonnene Ruhe und Gelassenheit in mein Leben integrieren können? Wie finde ich die Stärke, um meinen neuen Weg zu gehen? Wie möchte ich überhaupt noch leben? Stille umkreist mich. Mein Blick wandert erneut über den Grat und verfängt sich in dem anmutigen Naturschauspiel. Es ist atemberaubend, fesselnd und hypnotisierend schön zugleich. Kein Laut ist zu hören. Allumfassende Stille umgibt mich und nährt meinen Geist. In diesem Augenblick weht ein sanfter Wind durch das geöffnete Fenster herein, ein Abendkuss des Berges, und holt mich aus meinen Gedanken. Was ist, wenn ich all dies jetzt noch gar nicht wissen muss? Wenn ich ab jetzt mit meiner kindlichen Leichtigkeit, der Sicht des Ostens, auf mein Leben schauen und spielerisch integriere, was gelebt werden darf.

Es fällt mir das wunderbare Zitat von Laotse [3] ein. *„Nur wer sein Ziel kennt, findet den Weg."* Und genau darum geht es doch letztendlich. Das eigene Ziel klar zu benennen, vor Augen zu sehen, es sich fühlbar greifbar vorzustellen und dann loszulassen, zu vertrauen und sich dem Leben hinzugeben. Müde lächelnd denke ich an die Nacht im Zelt zurück und nehme den Gedanken mit in meinen Schlaf. Ich kenne mein Ziel.

Mein
Ausblick

Tag 9 – Der Abschied

Der Tag erwacht. Ich werde von purpurrotblassen Sonnenstrahlen wachgeküsst. Der Berg wacht und thront in anmutig leuchtenden Morgenfarben mir entgegen. Ich bin aufgeregt und neugierig zugleich. Alles kribbelt vor Freude in mir. Vor Freude vor dem Neuen, was mich erwarten wird. Dem Geschenk des kindlichen Neubeginns, einer Reise ins unbekannte Bekannte. Ich bin bereit, bereit für eine weitere Reise, in meinen neuen Alltag.

Mit gepacktem Rucksack verabschiede ich mich von meinem mir lieb gewonnenen Schlafplatz und mache mich auf den Weg ins Freie. Der Morgen ist unbeschreiblich schön. Meine Augen wandern über die vor mir liegenden Bergketten, die von einem zarten rosa eingehüllt, wie ummantelt scheinen. Das Tal erstreckt sich vor meinen Augen, erwacht ganz langsam zum Leben. Aus der Ferne sehe ich das wirbelige Treiben, das nicht Stillstehende. Wie bewahre ich mir mein kostbares Geschenk? Aus meiner Frage gerissen werde ich sanft von Johanna begrüßt. Ihr Lächeln erstickt jeden zweifelnden Gedanken.

Da sitzen wir nun ein letztes Mal gemeinsam auf dem Boden der kleinen urigen Stube. Dumpfe Laute der klopfenden Trommel lassen den Raum vibrieren und hüllen ihn in einen magischen Kokon. Es herrscht eine andächtig ruhige Stimmung. Wehmütig, leicht, beschwingt und doch in Teilen unsicher fragend. Ich blicke um mich und sehe die Lichtstrahlen, die durch die kleinen schnuckeligen Fensterfronten fallen. Wie sie kraftvoll den Raum erfüllen, ihn sanft wie ein Schwert durchschneiden. Das Zimmer ist von Sonne durchflutet und schenkt ihm eine nostalgisch sanfte Note. Kleine, wirblig wild zappelnde Staubflocken toben und spielen, hüpfen und springen anmutig ausgelassen tänzelnd im Raum umher. Als würden sie erahnen, was auf uns alle wartet. Was wir an Saaten gesät und an Ernte empfangen werden.

In einem Moment andächtiger Stille ergreift Johanna das Wort. Liebevoll und sanft erreichen ihre Worte mein Herz, erfüllen mich mit großer Dankbarkeit. Dankbarkeit für mich und mein neuerwachtes Leben, für meine neuen Gedanken und dafür, dass ich einer weiteren Angst meines Lebens roh und nackt begegnen durfte. Von Liebe erfüllt schaue ich mich im Raum um und erblicke in diesem stillen Moment den einfallenden Lichtstrahl. Wie er satt, kräftig, eindringlich nur auf mich scheint und meinen leuchtenden Körper erwärmt. Ich kann kaum etwas um mich herum erkennen, denn das gleißend funkelnde Licht lässt kaum einen Blick zu und verdunkelt alles um mich herum. Ich schließe meine Augen, tauche in die Stille des Augenblicks ein.

Ich strahle.

Ich leuchte.

Ich bin neu erwacht.

Mein Herz pocht vor ausgelassener Glückseligkeit und Tränen rinnen an meinen pulsierenden Wangen entlang.

Ich spüre diese leuchtend durchdringende Kraft, als würde sie mir sagen wollen, es ist alles bereits in dir. Alles, was du brauchst, alles, was du wissen musst, lebt bereits tief in dir. Strahle, leuchte hell und klar. Schenke dein Licht der Welt und entzünde dein neugewonnenes Sein. Gehe los für dich. Werde, die, die du bist.

Mit verneigender Geste verabschiede ich mich von diesem magischen Raum, der viele gelebte Geschichten und zauberhafte Momente aufgenommen hat. Nun erfülle ich meinen eigenen Raum mit neuen Geschichten, nehme den Zauber mit und strahle. Ich bin bereit für das Zulassen, das Integrieren und das Erleben meines eigenen Seins. Dankbar schaue ich mich ein letztes Mal in unserer Runde um und sehe dreizehn wundervoll inspirierende Frauen. Wir alle haben gesagt, was wir sagen mussten, gefühlt, was wir fühlen sollten, gesehen, was wir sehen durften, gespürt, was wir spüren sollten und wahrgenommen, was wir wahrnehmen durften. Dreizehn frisch erwachte, friedvolle Kriegerinnen sind bereit für den Abstieg.

Mit gepacktem Rucksack gehen wir ganz für uns, allein in Stille und doch in Verbundenheit der ganzen Gruppe. Bergab, Schritt für Schritt. Einatmen, Ausatmen. Jeder Meter ist ein Loslassen des eindringlich Erlebten, ein Abschied des Alten und die Annahme des Neuen. Die Stille führt mich mehr und mehr wieder zu mir. Ich werde andächtig, meine Gedanken entspannen, sind nah bei mir, sind fokussiert und klar. Den Blick behalte ich auf dem Weg, der von glitzernd bunt funkelnden Steinen in rot, gelb, silbrig strahlenden Farben gesäumt wird. Es ist ein magischer, mystischer, fast märchenhafter Abstieg.

Immer wieder blicke ich mich um, sehe die Schönheit in allen Facetten. Wie aus dem steinig rauen Erdreich kleine zarte, weiß - gelb getupfte Bergblumen ihre Köpfe Richtung Sonne strecken. Wie sie das satte Licht in sich aufnehmen und selbst anfangen zu strahlen. Ihr Leuchten schenkt mir ein Lächeln und ich muss über den aufkommenden Gedanken schmunzeln und an meine Ankunft, den Aufstieg vor Tagen, denken. Wie ich schweren Herzens, wild fahrig, zerstreut vor einer Woche in den Schweizer Bergen angekommen bin. Wie viel Angst ich vor der Stille-Erfahrung hatte, vor dem Augenblick, allein nur mit mir selbst zu sein. Vor der Natur und dem Moment der Einsamkeit. Und wie sich alles gewandelt, in mir geklärt und gefestigt hat. Wie ich die Natur in voller Schönheit und absoluter Härte erleben und wieder zu mir selbst zurückfinden durfte. Nie zuvor war ich in mir und mit der Erde so verbunden.

Mein Blick schweift umher. Die schroffen, bläulich strahlenden Bergketten stehen im harten Kontrast zu den saftig taufrischen Wiesen und den satt dunkelgrünen Fichtenwäldern stark und erhaben einfach da. Kleine Wasserfälle plätschern lustig tanzend aus dem Gestein und bei jedem Atemzug strömt die süße, reine Bergluft in meine Nase. Alles um mich herum wirkt wie verzaubert. Ich halte den Atem an, denn die Farben sind an diesem Morgen so satt, klar und berauschend. Sie beflügeln meine Sinne. Wie wunderschön die leuchtende Schönheit der Natur ist. Sie lässt mein Herz vor Dankbarkeit weich und demütig warm werden. In diesem Moment kullern leise sanfte Tränen an meinen Wangen hinunter. Ich bin mit allem verbunden. Ich bin mit allem eins.

Das Tal ist bereits greifbar nah und doch haben wir noch eine gute Stunde Fußmarsch vor uns. Wir werden langsamer. Keiner spricht ein Wort. Nur der reine Augenkontakt verrät im Ansatz den Gemütszustand. Nach und nach versammeln wir uns an einer alten, dennoch intakten Wassertränke. Das herrlich klare, lebendige Bergwasser schenkt uns neue Energie nach dem steilen, steinigen Abstieg. Ich schaue mich um, blicke in vor Glückseligkeit strahlende Gesichter. Manchen stehen die Tränen in den Augen, wieder andere sind ganz bei sich, nur für sich. Diese Mischung so vieler Gefühle kann ich so gut nachempfinden. Es ist als würde all die Last der letzten Tage von einem abfallen, als wären die Erfahrungen nochmals geschärft worden und würden nun noch klarer und heller strahlen. Ganz bei mir halte ich einen Moment inne, schließe die Augen, atme, nehme nur wahr, atme, ganz tief und gleichmäßig. Nie zuvor habe ich Stille so präsent wahrgenommen wie auf dieser meiner Reise. Allumfassend umhüllende Stille, die mir Ruhe, innere Stärke und Ausrichtung verleiht. Die mich umsorgt und mir mütterliche Fürsorge schenkt.

In diesem Moment der Stille nehme ich neben Astrid, einer mir liebgewonnenen Teilnehmerin Platz. Noch oben in unserer Hütte hatte sie mir eine so unglaublich schöne Freude bereitet und mir einen Bergkristall geschenkt. Sie hatte ihn in ihrer Stillezeit am Platz gefunden und mir eine wunderschöne Geschichte dazu erzählt. Und als wir nun gemeinsam absteigen, finde ich auf meinem Weg einen leuchtend strahlenden Stein, ähnlich wie ihren. Mein Herz hüpfte vor Freude.

Voller Beglückung stupse ich sie sanft von der Seite an und bitte sie mit einfacher Geste ihre Hand zu öffnen. Ich lege behutsam etwas hinein. Ihr Blick wandert hinunter und sie betrachtet den weiß durchsichtigen, glitzernden Stein. Alles scheint in diesem kurzen Augenblick stehenzubleiben, und sie schaut mit zärtlich lächelndem Gesicht wieder zu mir auf. Mir wird warm ums Herz und ich fühle wie wundervoll nährend das Geschenk dieser kleinen Geste ist. Ich erkenne die Schönheit und die Freude ganz miteinander verbunden zu sein. Herzverbunden. Und wenn ich meine Gedanken weiterverfolge, dann bin ich mit allem verbunden. Zu jedem Moment, in jeder Sekunde. Vollkommen verbunden mit der Natur, den Menschen um mich herum und bekomme ein Gefühl der Einheit. Mit allem eins zu sein.

Meine sprudelnden Gedanken wirbeln aufgeregt in meinem Kopf umher. Sie tänzeln wahrlich erregt um die wundervollen Erkenntnisse, Erfahrungen und Weisheiten, die ich in dieser Woche gesammelt habe. Und bei jedem weiteren Schritt, den wir absteigen, erkenne ich all die Geschenke an, all die wundervollen Gesten, die mir liebgewonnenen Menschen und Ereignisse. Wie sie mich gestärkt, belebt und verzaubert haben. Wie ich meine kindlich neugierige Seite wieder entdecken und annehmen durfte, um mein volles Potential zu entfalten. Ich erkenne mich, mein Selbst, mein liebevolles, verschollen geglaubtes Sein an und mit jedem Gedanken erlaube ich mir wieder zu strahlen, wieder zu strahlen, wie die funkelnd zu meinen Füssen daliegenden Glitzersteine.

In der Stille und der tiefen Verbindung zur Natur steckt meine Superkraft, steckt meine innere Stärke. Dort schöpfe ich meine Energie und hole mir meine Kräfte zurück. In stiller Verbindung kann ich mich ordnen und sortieren, meinen Geist beruhigen und mich wieder in mir zentrieren. Mich wieder mit mir und meiner inneren Natur verbinden. Ich habe Stille entdeckt, wie ich Stille noch nie entdeckt habe. Die Stille der Natur, meine ureigene Stille, die präsent, und sich wärmend in mir und um mich herum ausbreitet. In diesem ruhigsten Moment sehe ich nun klar und fokussiert. Sehe ich mich, betrachte ich mich anders. Neugierig beobachtend aus der Ferne schaue ich liebevoll auf mich.

Mit gedankenverlorenem Blick wandere ich noch einmal über diese atemberaubende Landschaft. Atme die kristallklare, warme Sommerluft tief ein und bin glückselig erfüllt. Liebevoll nehme ich den aufkommenden Gedanken an und lächle in mich hinein.

Endlich bin ich wieder vollkommen bei mir, in mir angekommen.

Meine Heldenreise – Wer bin ich ab jetzt?

Mein Herz ist weit geöffnet. Glanz von kindlicher Neugierde liegt in meinen Augen. Ich bin leicht und klar in meinen Gedanken und fühle mich frei und wild, mit neuem Mut und unbändigem Willen.

Ich habe zu mir gefunden, zu meiner Heimat, der Natur. Ich habe zurück zu meinem inneren Wesenskern gefunden und bin überwältigt von der sanften Stimme in mir, die so viele Antworten auf meine Fragen hat. Ich bin eine wilde Frau, voller kindlicher Ideen und Kreativität. Ich sprudele über und bin unfassbar beglückt von dem Schatz, den ich gefunden habe. Ich habe ein klares Bild meiner Zukunft, eine Vision, die so groß ist, dass ich Luft holen muss. Ich habe Bilder vor meinen Augen gesehen, die überwältigend waren.

Ich trage die Stille tief in meinem Herzen und achte wie ein Schatz auf sie. Ich sehe den Dämonen, meinen Dämonen, tief in die Augen und nehme sie fest in die Arme, diese ungeheilten Teile meiner Selbst. Sie haben Beachtung und Anerkennung verdient, denn sie fordern mich auf, heil zu werden.

Ich weiß um meine Kraft, meinen mutigen Geist, mein inneres Wissen und um meine kindlichen Anteile. Ich habe das Kind in mir neu entdeckt und die Leichtigkeit wiedergefunden. Nun gehe ich hinaus und strahle, inspiriere und gebe meine Geschichten und meine Gedanken in mir endlich frei, um zu fliegen und das Band der heiligen Frauen dieser Erde zu stärken und zu nähren.

Ich trage tiefe Dankbarkeit mit nach Hause für die mütterliche Fürsorge dieser beiden wundervollen Frauen, die uns Kraft, Halt und Heilung gaben. Ich komme mit vielen geheilten Teilen nach Hause und habe die Kraft, mich immer wieder aus meinem Inneren zu heilen.

Die Stille ist meine Freundin geworden, der Berg mein Bruder, der Wind mein Vater, der mich berührt, und meine Mama, die Erde.

Danke.

Epilog

Wenn Stille zu mir findet, kann Heilung entstehen, Frieden wirken und ich ganz werden.

Wenn du dich der Stille, deiner inneren Natur das erste Mal öffnest und sie entdeckst, wirst du feststellen, dass sie laut ist. Vielleicht ist es das erste Mal, dass du dich offen und ganz klar deiner inneren Welt hingibst. Es ist neu und du bist ein wenig ängstlich. Dann wird die Stille noch einen Moment laut sein, sie wird toben und dich vielleicht aus deinen Gedanken reißen wollen. Sie wird dir Gedanken vor die Füße werfen, die nicht schön sind. Sie wird dich herumwirbeln und herumschleudern und du wirst das Gefühl haben, dass du den Boden verlierst. Aber es wird gehen, es wird weichen, es wird weicher, es wird leiser, ruhiger, klarer, fokussierter. Du wirst Stille auf einmal als Geschenk wahrnehmen, und du wirst Antworten finden, auf Fragen, die du nie gestellt hast.

Stille ist von nun an meine Freundin, meine Schwester, die Verbindung zu meiner inneren Welt, meiner geliebten Mama Erde und meiner kindlich naturverbundenen Heimat.

II.

Trau dir selbst das Größte zu

Jetzt geht meine Reise erst richtig los

Es ist fast ein Jahr vergangen, seit ich meine Reise damals in die Berge angetreten bin. Es ist Monate her, dass ich schreibend morgens um fünf an meinem Rechner saß, um meine Gedanken sortiert in Form zu bringen. Jetzt, hier, mit Blick ins satte Grün, und einem dämmrig leuchtenden Sonnenaufgang, knüpfe ich wieder an die Magie an. Denn es ist viel passiert, ein Jahr voller Wunder, leuchtenden Momenten, garstigen Gegebenheiten und strahlenden Wundern. Ein volles Jahr des Wandels, meines Wandels und der Erkenntnis, dass meine Reise jetzt erst so richtig begonnen hat.

Aber was genau hat mich dieses Jahr bewegt, gar in meinen Grundwerten verändert? Was war es, was nach der Stille oder genau in der Stille zu mir fand? War es nur die Stille oder doch etwas viel Größeres?

Dieses Jahr hat mich gelehrt, zu vielem Ursprünglichem zurückzufinden. Es hat mir Wege gezeigt, die ich vorher so nie gegangen wäre, es hat mir Menschen geschenkt, die mich befähigten, diesen neuen Weg zu gehen und mir Wunder gezeigt, gerade für die kleinen Dinge wieder dankbar und demütig zu werden.

Das Leben hat mir ein Jahr nach meiner Reise viele neue Lernaufgaben gestellt, hat mich in meinen Grundfesten erschüttert und Gewohntes in Frage gestellt. Es fühlt sich an, wie neu laufen zu lernen. Schritt für Schritt in eine neue noch ungeahnte Zukunft. Was darf bleiben, was darf gehen, und was kommt neu hinzu? Wenn wir uns selbst erlauben zu wachsen, bleibt Veränderung nicht aus und doch fühle ich mich nicht allein, denn wir sind alle gemeinsam auf einer Reise. Der Reise unseres Lebens, in der wir uns gegenseitig inspirieren, mitnehmen, abholen und auch einmal umwerfen, um anderswo neu aufzustehen. Im Miteinander können wir uns selbst erkennen, lernen und zu unserem wahren Selbst zurückkehren.

Komm mit auf meine Reise, die vielleicht in Teilen zu deiner eigenen wird.

Die Ankunft zu Hause

Nach tiefen Erlebnissen, die wir außerhalb unseres Alltags erleben, holt uns die Realität meist knallhart auf den Boden der Tatsache zurück. So erging es mir, als ich schwebend und leichtfüßig, eingehüllt in meinem stillen Kokon, nach Hause kam.

Der harte Aufprall in meine lebendige Welt machte mir einige Wochen sehr zu schaffen. Die Welt schien mir plötzlich so laut, mein Alltag gar unüberwindbar anstrengend und mein Tun glich mir wie eine stumpfe, monoton anstrengende Tätigkeit. Doch es zeigte mir nach der Erfahrung genau das, was ich dort oben gelernt und erfahren hatte.

Die Stille ist zunächst erst einmal erschreckend laut und kreischend lähmend. Sie wirbelt alles durcheinander. Die Gedanken kreisen heftig und unberuhigt durch deinen Kopf und ich denke, das genau gilt es zu lernen. Genau hier achtsam zu werden, die Emotionen und Gedanken anzunehmen, sich derer bewusst zu machen, sie zu fühlen, sich nicht abzulenken, sich zu hinterfragen, was ist und woher stammen sie, und sie aber dann auch wieder ziehen zu lassen.

Wie die bekannte Hirnforscherin Bill Jolte Taylor [4] einmal sagte:

> *„Wenn eine Person eine Reaktion auf etwas aus ihrer Umgebung hat, gibt es einen Prozess im Körper, der 90 Sekunden anhält. Die emotionale Reaktion, die danach stattfindet, geschieht aufgrund der oft unbewussten Entscheidung der Person, in diesem emotionalen Loop zu bleiben."*

Genau das ist es, was ich lernen darf. Nicht an meinen Emotionen festzuhalten, sondern sie zu durchleben, ihnen den nötigen Raum zu geben, und sie wieder loszulassen.

So vergehen die Wochen, ich finde langsam wieder in meinen gewohnten Alltag zurück und entdecke, etwas in mir hat sich grundlegend verändert. Ein Ruf, ein intensiver Drang nach Veränderung, nach Einfachheit, mehr Klarheit und Neuem. Johannas Mann [5] sagte einem Interview:

> *„Eine Visionssuche ist, wie Tassen aus dem Schrank nehmen, sie sorgfältig zu prüfen, sich zu fragen, stimmt das, stimmt das nicht und sie dann wieder zurück in den Schrank zu stellen."*

So ist es auch bei mir. Ich stelle mir die Frage: Stimmt das, was ich lebe, wie ich lebe noch für mich? Ist das noch im

Einklang, in Harmonie mit meinem Lebenssinn? Und so darf ich dem Ruf meiner Seele lauschen, genau prüfen, entspricht das noch meiner Wahrheit.

In der Einfachheit steckt das Geheimnis, ich darf mir Zeit nehmen

Die Suche nach meinem Weg

Die Visionssuche stammt aus der indianischen Tradition, und wenn ein Mensch aus diesem Kulturkreis ein Problem hatte, oder mit etwas im Unklaren war, dann hat er sich selbst zurückgezogen, hat einen Steinkreis um sich herum errichtet und hat an diesem Platz eine Zeitlang verweilt. Hat die Götter und Geister angerufen und auf eine Klärung seiner Frage gewartet.[6]

Ich bin in die Berge gefahren, um meinen Ängsten zu begegnen und um Heilung zu bitten. Um zu ergründen, wer ich wirklich bin, was mich ausmacht, welche meine Gaben sind, was ich für mich und mein Leben brauche, und was mir wichtig ist. Und was möchte nun sichtbar werden?

Manchmal verliert man sich für einen Moment, um sich stärker und größer wiederzufinden.

Die Wochen nach meiner Ankunft vergehen und das Chaos in meinem Kopf nimmt von Tag zu Tag zu. Ich möchte ausbrechen, neu beginnen. Ich möchte alles hinschmeißen, ich möchte weit weg von allem, einen klaren

Gedanken finden. Alles wirbelt und ich fühle mich haltlos, kraftlos. Ich schreie innerlich und verglühe vor Zorn und Wut über mich selbst. Kein Halt, weder im Innen noch im Außen. Wie in einem brutal strudelnden Wirbelsturm versucht mich alles aus meinen festen Ankern zu reißen. Mein Inneres tobt und das Außen bricht mehr und mehr zusammen. In mir bebt es grässlich, schreit mich lauthals und unbedacht an, reißt mich zu Boden, wütet bösartig. Bitterlich weine ich immer wieder heftig, schlage innerlich um mich. Wo ist mein Anker, wo kann ich wieder Halt finden? Wie finde ich wieder zu mir, wahrhaftig zu der, die ich versteckt und verschüttet unter all dem wirklich bin? So peitscht es kreischend durch meinen Kopf.

Es ist wie dort oben, auf dem Berg, in meinem kleinen Zelt. Etwas lockt mich aus dem Gewohnten mutig herauszutreten, meinen festgefahrenen Weg neu zu begehen, mich dem Neuen hinzugeben, hineinzufühlen. Und doch ist die Angst ganz präsent bei mir, ermahnt mich, es doch zu lassen. Keinen Gedanken daran zu verlieren und zurück in das Gewohnte zu kehren. In die vermeintliche Sicherheit, die trübe Brühe, aus routiniertem, festgefahrenem, klebrig an mir Haftendem. In ein Leben, das nicht mehr meinem wahren Selbst, meinem Seelenweg entspricht.

> *„Wenn das Leben dir Musik gibt, die du nicht magst oder nicht kennst, tanz.“* [7]

Egal was das Leben dir gibt, tanz, denn es ist egal.

Wenn ich dagegen gehe, wird es nur schlimmer. Immer wieder ins Vertrauen zu tauchen, ist die Kunst des Lebens. Also tanze ich.

Mittlerweile werden die Tage kürzer, es ist Herbst. Die Natur zieht sich zurück, zieht sich nach innen, tankt für das bevorstehende Neue auf. Genau jetzt fühle ich mich langsam wieder aufgehoben in dieser stillen, sich herannahenden Zeit. Die Ruhe schenkt mir Kraft und ich erkenne die große Weisheit des Natürlichen. Wir sind ebenfalls Wesen aus der Natur und wenn wir genau zuhören, was uns die Geheimnisse der Erde, Mama Natur, sagen möchte, werden wir wieder verstehen. Wir werden die anmutige Schönheit des Lebens erkennen, uns in Momenten verlieren und wiederfinden. In der Stille finden wir einen Zugang zu einer magischen neuen Welt, zu unserem inneren tiefsten Kern, der alle Weisheiten in sich trägt. Der zeitlos scheint und einen geborgen umhüllt.

Nach diesen schreiend neongelben Monaten der Verzweiflung, der inneren Aufgabe, des ungewollten Loslassens, werde ich das erste Mal in meinem Leben gezwungen, genau hinzuschauen. Genau auf mich zu schauen, auf mich und mein fühlendes, zerbrochenes zartes Wesen. Nackt, roh, wimmernd am Boden liegend, entdecke ich in dieser allumfassenden Ruhe das größte Geschenk. In meiner wiederentdeckten Stille finde ich wieder ganz zu mir. Dieser fürsorglichen Liebe zu mir selbst, aus der ich neue Kraft schöpfe, und so erkenne ich: Wenn wir uns ganz und gar liebevoll uns selbst widmen, werden wir stark in uns, haben wir wieder Kraft zu geben. Werden achtsamer und feiner in unserer Wahrnehmung und geduldiger mit dem Außen. Radikale Selbstliebe ist kein Egoismus, sondern verantwortungsvolle Selbstfürsorge.

Diese allumfassende Ruhe, die in den dunklen Monaten spürbar alles verlangsamt, wirkt wie ein beruhigender Mantel. Die Stillezeit, spüre ich, war nicht nur eine Erfahrung, eine kurze Auszeit meines wilden Alltags, sondern ist zu einer inneren Grundhaltung in meinem neuen Leben geworden. Einer Haltung, die mir in unserer schnellen Welt fehlt, denn die Beobachtung des kostbaren Moments wird uns wahrlich abtrainiert.

So drehe ich all meine Tassen und hinterfrage mich immer wieder: Wann war ich das letzte Mal so richtig gefangen, positiv gefesselt im Augenblick? Wann nehme ich mir wirklich bewusst nur Zeit für mich, um genau hineinzufühlen, zu spüren, um meiner Herzstimme Raum zu geben in meinem Leben? Medien, Konsum, soziale Welten halten uns oft regelrecht gefangen, erlauben nicht mehr die wesentlich wichtige Verbindung zu unserem fühlenden Wesen und lassen uns wackeliger werden, fern ab unserer gesunden Natur. Das bewusst wieder wahrzunehmen, der Stille in uns Raum zu geben, dürfen wir nicht verlieren.

Stille ist wie eiskalt eisgefrorener Boden, der hart, schmerzend stechend ist, dich betäubt. Stille kann dich beißen, kratzen, bitterböse zu Boden zerren und dich verletzen. Doch ist Stille ebenso sanft, hält im kostbaren Inneren die Liebe und Geborgenheit für dich bereit, schenkt dir feine Ruhe und umarmt dich auf eine sanftmütig mütterliche Weise.

Hingabe oder Aufgabe

Das Neue kommt immer ganz leise und unbedacht zaghaft ins Leben, schleicht sich hinein und macht sich bemerkbar, klopft an. Mögen wir zuhören, was uns die Stille zu sagen hat, und was es uns Neues bringt.

Schon vor meiner Reise in die Schweiz hatte sich etwas in mir angekündigt. Den eingefahrenen Pfad verlassen zu wollen, dem inneren Ruf nach Veränderung zu folgen. Immer wieder hatte ich es weggedrückt, wollte es nicht fühlen, denn die Angst vor dem Neuen, auch dem beruflich Neuen, der absoluten Neuausrichtung, war zu groß und lähmte mich. Doch war es nun da und ich konnte es einfach nicht mehr ignorieren. Mich jetzt im Stich zu lassen, fühlte sich nach Verrat an.

Wenn wir in unserem Leben versuchen aus den gewohnten Mustern herauszutreten, wird sich immer der innere Kritiker in Begleitung der Angst zeigen. Ermahnend wird er vor uns stehen und uns bitten, alles genau so zu belassen, wie es ist. Die Angst wiederum möchte uns beschützen. Wie eine flehende Mutter das Kind, bevor es in die Weite zieht. Ich entdecke, dass ich genau hier, durch diesen Schmerzpunkt hindurchmuss. Ihn überwinden muss und selbst wieder Verantwortung übernehmen darf, die in der Hand der Angst lag.

Die Monate ziehen vorüber, träge lähmend möchte ich einfach nur aufgeben, keinen neuen Schritt wagen. Wie ein Schleier, der meine Sinne vernebelt, wirkt die Dunkelheit Anfang Januar anhaltend erdrückend. Ich fühle in mir tiefe Erschöpfung, Gleichgültigkeit, flehend schreiende Rufe nach Aufgabe. Mein Körper ist wie gefangen, mein Geist klebrig matt und müde geworden. Meine Seele wirkt wie ein vernachlässigtes Kind, das wimmernd traurig in der Ecke verharrt.

Ich bin am Ende meiner Kräfte, meiner Vorstellungskraft, was nun möglich ist, wo sich mein weiterer Weg verbirgt. Ich krieche durch meinen Alltag und es scheint, als hätte sich das düstere, regendurchzogene Winterwetter an meine Stimmung angeglichen. Oder ist es umgekehrt? Verzweiflung, Ratlosigkeit und Selbstaufgabe machen sich in mir breit und setzen sich wie ein ungebetener Gast hämisch grinsend in meine Gedanken. Ich möchte nur noch fliehen, weit weglaufen, ausbrechen und alles hinter mir lassen. Möchte diese Gefühle nicht fühlen, mich nicht fühlen, den versteckten Schmerz der Emotionen nicht zulassen.

Und dann taucht aus dem Nichts eine Stimme auf, zieht mich aus meinen Gedanken empor. Ich verlasse barfüßig das Haus, laufe Richtung Wald. Die Kälte zieht durch all meine Glieder, meine Füße wirken wie taub, wie eisgefroren an diesem frühen Februarmorgen. Aus der Leere heraus habe ich plötzlich eine unbändige Kraft, die mir aufhilft, mich im Arm hält, sanft immer tiefer in den lichten Wald begleitet. Tiefe Atemzüge füllen meine Lungen mit kalter Winterluft. Schritt für Schritt trete ich auf eingefrorene Zweige und Blätter. Es knirscht und knackt, hallt in der Stille nach. Mein Atem wabert neblig vor mir. Ich schaue in das graue Nichts, in die Weite des starren Waldes und erkenne die weiche Schönheit in ihm.

Der Wald ist glasklar, versteckt seine Kräfte im warm verborgenen Inneren von Mutter Erde. Er weiß, was er zu tun hat, stellt keine Frage über seine Existenz. Er sorgt gut für sich und all seine Lebewesen. Hütet sanft die Samen für den Neubeginn. Trägt die Frucht des Neuen in sich wie einen strahlend schimmernden Schatz. In diesem kostbar klaren Moment erkenne ich die tiefe Weisheit des stechenden Schmerzes in mir. Meine Aufgabe ist die Hingabe. Nicht davor wegzulaufen, sich keine Ablenkung im Außen zu suchen, weder die Gefühle zu unterdrücken noch davor zu fliehen. Mich dem Leben und all seinen Tiefen und Höhe hinzugeben, sie anzunehmen und mich wieder wahrhaftig in all meinen Lebensphasen präsent zu fühlen.

In der Hingabe zeigt sich zaghaft die eigene Aufgabe. Bahnt sich ein neuer Anfang, ein noch nicht geahnter reiner Moment des Nichtwissens. Wir brauchen Vertrauen in das, was uns führt, das, was uns leise zuflüstert, dass wir es wert sind. Dass wir es verdienen, jetzt gerade hier zu stehen und weiterzugehen. In all dem ungeahnt Neuen.

Zweifel werden uns auf unserem Weg immer wieder begleiten, dennoch dürfen wir den Mut aufbringen immer wieder durch sie hindurch zu gehen, uns ihnen mutig in den Weg zu stellen und zu entgegnen: Nein, ich werde nicht aufgeben. Ich werde weitergehen, denn dafür, genau jetzt, bin ich für meine Aufgabe hier.

Im Jetzt, im gegenwärtigen Moment leben, erleichtert das Jetzt.

Sorgen wir uns nicht um morgen, sorgen wir uns nicht um gestern, versorgen wir uns nur im Jetzt.

Hinter der schreienden Angst scheint sich, hier im Wald stehend, noch etwas anderes zu verbergen.

Inneres Kind heilen

Vollkommen aufgelöst, und sich dem Moment hingebend, rinnen warme, salzige Tränen an meinen Wangen hinunter. Sie laufen unerbittlich wieder und wieder hinab. Bitterlich weine, ergebe ich mich dem was hochkommt. Die eisige Luft zieht in meine Glieder und ich spüre die tiefe Erschöpfung der letzten Monate, gar der letzten Jahre in mir. Meine weichgewordenen Knie verlieren den Halt und ich falle in dem gefangenen Schmerz erschöpft zu Boden. In mir tobt eine gewaltige Kraft, die machtvoll Besitz über mich ergreift. Ich fühle den so lange gefangenen, unterdrückten Zorn, die tosende Wut, die viel zu lange in mir schlummerte. Und ich halte es zum ersten Mal in meinem Leben aus. Gebe mich dem da Hochkommenden ganz und gar hin.

Es scheint, als öffne sich in mir ein neuer Raum, den ich bereits in den Bergen jungfräulich erleben durfte. Wieder erfahre ich dieses Geschenk meiner prallen Emotionen, sie vollkommen auszuhalten und ihnen Weite zu geben. Hinzuhören, mutig wahrzunehmen, anzunehmen. Ich gebe mich dem vollen Spektrum an Wut, Zorn, Traurigkeit, Einsamkeit, Freude, Anspannung, Erhabenheit, Glückseligkeit und tiefer Dankbarkeit hin.

Doch da ist noch etwas anderes dahinter. Ich tauche tiefer in diesen Moment hier im Wald ein. Lasse zu, was passiert. Schließe meine Augen und atme. Immer wieder, ein und aus. Gleichmäßig, rhythmisch, mich dem auf und nieder hingebend. Die Kälte nehme ich kaum noch wahr, so starr hält mich der Moment gefangen. Als hätte sich mein Körper mit dem Boden fest verwurzelt, um ganz im Jetzt, in genau diesem Moment fühlend präsent zu sein.

Neugierig erforsche ich das Unbekannte meines Inneren. Lausche und höre einfach zu, was hochkommt. Und dann erschrecke ich. Es taucht schemenhaft ein Umriss einer Gestalt vor meinen geschlossenen Augen auf. Verkümmert, verhärmt, mager, gebrochen steht es vor mir. Tränen füllen meine verschlossenen Augen. Schluchzend ergebend fühle ich das Wesen, ich fühle seinen Zorn und seine Trauer. So heimatlos umherirrend steht es gekrümmt und zitternd vor mir. Ganz nah und gegenwärtig nehme ich den bösartigen Schmerz, der ihm zugefügt wurde, wahr und erkenne mich, mein kleines verschollenes Mädchen. Mein verlorenes inneres Kind.

Eine Weile stehen wir regungslos voreinander. Zeit und Raum verlieren sich. Ich betrachte mein kleines Mädchen, das wütend fragend vor mir steht und blicke in die großen blauen Kulleraugen. Sie schaut mir tief in meine Augen, in meine Seele hinein, und es prustet plötzlich aus ihr heraus: „Warum hast du mich verlassen? Warum hast du mich vergessen und mich weggesperrt? Wieso wolltest du mich nicht mehr fühlen? Wieso ignorierst du mich einfach? Ich gehöre doch zu dir. Ich bin ein Teil von dir."

Tränen der tiefen Traurigkeit und Verzweiflung laufen ihr die Wangen hinunter. Kaum ein Wort möchte meine Lippen verlassen. Ich bin einfach nur starr und doch ganz hier, anwesend und höre zu.

Wie lange hatte ich nicht mehr mein Kind gefühlt, mein eigenes, kleines, fühlendes Wesen, das mich immer zum Spielen aufgefordert hatte. Das Leben spielerisch zu erleben ohne starr und angepasst Tag für Tag monoton mein Tagwerk zu tun.

All den Vorwürfen und dem Schmerz höre ich aufmerksam zu. Leicht surreal erscheint mir der Moment allein und doch nicht allein hier im Wald zu sein. Ich gebe dem dennoch Raum und spüre, wie sich mein kleines Kind mehr und mehr beruhigt. Aufmerksam nehme ich alles von ihr wahr. Nehme sie und ihre Bedürfnisse wahr und wichtig und versinke vollkommen in dem goldenen Augenblick.

Diese unbändig kindliche Leidenschaft und Hingabe verzaubert meine Sinne. Noch am Boden knieend bitte ich sie aus tiefstem Herzen um Verzeihung und Vergebung. Nehme sie in meine Arme und spüre diese neue kindliche Verbundenheit, einer mir lange verborgenen Welt. Nah, warm und fühlend für den vergangenen Schmerz. Vergebend, verbunden lösen sich nach und nach tiefe verletzte alte Emotionen einfach auf.

In diesem stillen Moment finde ich wieder Frieden zu mir.

Dieser erhabene Moment hatte mich zwar vollkommen meiner Sinne beraubt, an mir wütend gezerrt und mich tief zu Boden bezwungen, doch kehrt neue Lebensenergie zu mir zurück. Eine neue kindliche Stärke, das Leben, trotz vieler herausfordernder Gegebenheiten, immer wieder mit verspielter Leichtigkeit zu leben.

Wieder zu Hause angekommen erkenne ich, dass meine Kinder meine größten Lehrmeister sind und sie mir auf ihre kindlich feine Art zeigen, wie ich das Leben mit Leichtigkeit und Freude leben darf.

Mit dem inneren Kind verbunden zu sein, bedeutet Heimat zu finden.

Vergebung

Mir und meinem inneren Kind vergeben zu haben erhellte meine innere Welt. Dieser machtvolle Augenblick im Wald eröffnete mir einen neuen Zugang zu mir und meinen Fähigkeiten. Ich fand wieder wahrhaftigen Zugang zu meinen tief verborgenen Gefühlen, meinen verschlossenen Emotionen, unliebsamen Empfindungen, die ungelebt, verhüllt und unterdrückt waren.

Wenn wir immer wieder in Vergebung mit unseren Mitmenschen gehen, in Vergebung mit uns selbst, unseren inneren Kindern, unseren Familien und Freunden, kann Heilung entstehen. Dann kann sich ein neuer ungeahnter Raum voller Lebendigkeit öffnen.

Trau dir selbst zu, mutig hinzuschauen. Dich dir selbst zu ergeben, dich dem hinzugeben, was sich aus dir herausdrängt und gelebt werden möchte. Mute dich dir selbst und anderen zu, trau dich anders zu sein, dich neu zu erleben, dich neu zu entdecken. Spüre alles, was zu dir gehört, lebe deine Emotionen, lebe deine Gefühle und verdecke nicht deinen kindlichen Schmerz.

Du bist, wie du bist, einfach wundervoll, einzigartig und zauberhaft, vergiss das nie. All deine Gaben darfst du jetzt leben, dich neu entdecken, dir immer wieder neuen Raum schenken. Hineinspüren, dem leisen, flüsternden Stimmchen lauschen und darauf vertrauen, dass alles gut und richtig für dich kommen wird.

Dein fühlendes Wesen, dein inneres Kind braucht Heimat, es braucht deine vollkommene Akzeptanz und Hingabe. Gebe dich ihm hin und du wirst wahrlich Wunder erleben.

> *„Der einzige Ort im Universum, den wir wirklich ändern können, sind wir selbst".*

Aldous Huxley [8]

Es gibt ein wundervolles Ritual, welches ich euch hier nicht vorenthalten möchte, und welches ihr mit euch selbst oder anderen vollziehen könnt. Der Ursprung dessen reicht weit zurück, sicher Jahrtausende zurück, in die uralte hawaiianische Kultur. Ho'oponopono gehört zu einem alten System hawaiianischer Lehren und ist in sich ein so kraftvolles und bewegendes Werkzeug für Vergebung.

Es handelt sich um vier Sätze, die dein Leben grundlegend verändern können.

Es tut mir leid.

Bitte verzeihe mir.

Ich liebe dich.

Danke. [9]

Was steckt hinter diesen Sätzen?

Es tut mir leid.

Hier geht es um eine aufrichtige Entschuldigung um dadurch das Feld energetisch für beide Seiten zu klären.

Bitte verzeihe mir.

Hier geht es um eine Entschuldigung gegen die göttlichen Gesetze gehandelt zu haben.

Ich liebe dich.

In einer tiefen Liebe geht es darum, die Situation, so wie sie ist, voller Liebe und in tiefem Mitgefühl anzuerkennen.

Danke.

Sich für das zu bedanken, was geschehen ist, kann für alle Seiten transformierend wirken und in Heilung bringen.

Ulrich Emil Duprée [9] zeigt in seinem wundervollen Buch deutlich, wie kraftvoll dieses Ritual ist. Wie machtvoll wir als einzelne Individuen sind und sein können, wenn wir bewusst mit uns und unseren Mitmenschen umgehen. Wenn wir ein Gleichgewicht schaffen, das zu tiefer innerer Heilung führen kann.

In der Stille fand ich Gott

Die Tage werden langsam immer heller, der Schleier des Winters wird von der Kraft des Neuen übermannt und das Grün gewinnt an Macht und Strahlkraft. Auch in mir verspüre ich wieder neue Lebenskraft. Versteckte Energien die jetzt zum Vorschein treten.

Manchmal ist es doch sonderbar. Wir Menschen eilen und hechten durch unseren Alltag und missachten ungeahnt die Gewalt und die Präsenz der Natur. Das Lebensrad der Natur, das sich immer wieder in fortlaufendem Kreisen dreht. Dass der Winter uns den Raum für Stille, Ruhe und Geborgenheit schenkt, indem wir Kraft tanken dürfen. Dass der Frühling das satte Grün für uns bereithält, um uns mit den wertvollen Elementen der Pflanzen zu versorgen und uns neue Kraft zu schenken. Der Sommer uns die Sonne, die Wärme zurück schenkt, und dass wir die Fülle des Herbstes prall, satt und voll auskosten dürfen, um uns für den Winter hinzugeben.

Mutig wage ich mich Schritt für Schritt in das Unbekannte. Dehne es aus und gebe mir Zeit, dass sich das Neue trauen darf, sich zu zeigen. Die Höhen und Tiefen werden stetig immer weniger, das wilde Meer, dass in mir tobte, wird seichter und ruhiger. Ich gebe meinen Gefühlen und Emotionen einen Raum, spüre in meine kindliche Lebendigkeit hinein, entdecke mich neu und entdecke, dass sich auf meiner Reise noch etwas viel Machtvolleres gezeigt hat:

Gott!

Damit hatte ich sicherlich nicht gerechnet, denn Gott war in meinem bisherigen Leben eine Haltung, die nicht meine gewesen war. Ich hatte immer schon an die Liebe, die Kraft der Natur, Mutter Erde und etwas Höheres geglaubt, doch sicherlich nicht, dass Jemand oder etwas mein Leben lenkt, mich führt und mir Zeichen und Wunder schenkt. Bis ich es selbst erlebte. Bis es durch mich durch drang auf dieser für mich intensivsten Reise meines Lebens. Der Reise zurück zu mir selbst.

Vertrauen in Gott finden schenkt mir die Kraft, dem Unbekannten zu begegnen. Ich stelle mir die Frage: Warum ist das in unserer Zeit fast zu einem Tabuthema geworden? Zu Zeiten meiner Großeltern war es noch selbstverständlich, daran zu glauben. Man hatte einen starken Glauben und vertraute. Punkt. Ohne Umschweife. Heute nehme ich wahr, dass es verschleiert, hübsch neu verpackt wird, doch bloß nicht über das Wort Gott gesprochen wird. Wo ihm doch so eine starke Kraft inne wohnt. Im Glauben an Gott.

Mein Glauben wird Berge versetzen.

Je mehr ich das Außen, die Ablenkungen, leiser stelle, meine Gewohnheiten und gerade den Umgang mit sozialen Medien überdenke, umso mehr öffnet sich der göttliche Raum. Eröffnet sich eine klare feine Essenz für meinen weiteren Weg.

Bis hier hin hat mir mein Leben gezeigt, dass all meine Erfahrungen keine Zufälle waren. Dass ich schon lange tief unter einer Schicht aus Wut, Zorn und Groll verbunden war. Und diese Verbindung ist nun ganz präsent und kraftvoll und ich glaube, dass Gott dich niemals fallen lässt, dass du Vertrauen lernen darfst, um dich dem hinzugeben, was er dir aufs Herz legt.

Ich darf und muss vertrauen und alles in Gottes Hände legen. Ich darf zulassen, dass ich es nicht weiß. Dass ich ab und an nicht wissend, unwissend auf meinem Weg bin. Und ich darf um Hilfe bitten, immer, denn ich werde getragen, wenn ich nicht mehr laufen kann.

Indem ich zu Gott fand, wurde ich voll. Das Suchen im Außen nahm immer mehr ab. Wurde leiser. Mein Ego rebellierte und doch lenkte ich meine Aufmerksamkeit immer wieder nach Innen, zum Göttlichen und stellte fest, hier bin ich ganz nah bei mir.

Die Ablenkung nährt unser Ego und nicht das fühlend zarte Wesen. Die Zweifel, die damit verbunden einhergehen, schaue ich mir liebevoll an und schicke sie wieder fort. Denn die Kraft, die von Gott ausgeht, ist allumfassend, sie ist kraftvoll und wahrlich mächtig. Und so tauche ich Tag für Tag mehr und mehr in diese mir neue Welt ein. Höre genau hin, folge meinem täglichen Tun und vertraue, dass mir genau die richtigen Zeichen immer geschickt werden. Es ist ein neues Vertrauen, denn damit nähre ich nicht mehr mein Ego, dass ich alles selbst in der Hand habe und haben muss. Ich kann meinen Kummer, meine Sorgen, abgeben und für Heilung, Kraft und neuen Mut beten.

Gott wird uns Liebe schenken, denn er möchte, dass wir in unsere vollkommende Kraft kommen, über uns hinauswachsen und unsere in uns wohnenden Gaben und

Potentiale nutzen und unseren für uns geplanten Weg gehen. Unsere Seele ist heilig und unsere Gebete werden erhört werden.

Die göttliche Liebe wird unser Herz öffnen. Wir können Frieden empfangen, wenn wir still werden, das außen leise, kaum hörbar stellen, uns ganz und gar auf uns und unser fühlendes Wesen besinnen, unseren Glauben stärken und nähren und unseren Seelenplan gehen. Der höheren Macht vertrauen, dass alles für uns bereitsteht, dass in der höheren Ordnung Heilung liegt und die göttliche Kraft der Natur uns Besinnung und Verwurzelung schenkt.

Gott lässt uns niemals fallen, wir dürfen auf seine Stimme vertrauen, uns dem Hingeben und in unsere wahrliche Größe, in unsere Kraft kommen. Glaubt mir, es steckt eine ungeahnte Stärke in uns, die wir vielleicht jetzt noch gar nicht erahnen können.

So bete ich für jeden Einzelnen, der diese Zeilen liest. Glaubt an euch. Vertraut in das Leben, in Gottes Führung, ihr seid wundervolle einzigartige Wesen, Geschenke für diese strahlende Welt. Auch wenn das Äußere nicht immer so glanzvoll scheint, werdet ihr einen Weg finden, wieder daran zu glauben. Seid dankbar für alles, das in eurem Leben war und ist, denn all das hat euch genau jetzt an diesen Punkt gebracht. Werdet wieder stark und kraftvoll und folgt dem Fluss des Lebens.

Körper Geist Seele im Einklang

Die neue Lebensenergie nährt meinen geschwächten Körper. Ich stelle fest, dass die mangelnde Bewegung der letzten Monate auf mein Gemüt schlägt. Wenn ich mich wieder vollkommen fühlen möchte, brauche ich einen starken Körper, in dem meine Seele gern wohnt. Denn ein starker Geist, ein starker Körper unterstützen die Seele in ihrer Größe.

Der Frühling blüht und der frische Duft lieblicher Blumen schenkt mir neuen Antrieb für meinen Weg. An diesem verhangenen Maimorgen gehe ich laufen, ganz bewusst Barfuß. Der noch anhaltende Regen hat den Weg hinter meinem Haus in ein plätscherndes Bächlein verwandelt. Der Boden fühlt sich samtig weich, matschig sumpfig an und ich bin beschwingt über die kindliche Freude, die in mir aufsteigt. Barfuß laufen schenkt mir Achtsamkeit und Langsamkeit, lässt mich ruhiger und bedächtiger durch meinen Alltag gehen. Verbindet mich mit der Stärke und Kraft der Natur und lässt mich ganz bei mir ankommen. So verlangsame ich stetig mein Tempo in meinem Alltag, schaue bedächtig darauf, was mir guttut, fühle intensiver in mich und meine Empfindungen und werde genährt durch die Energie der Natur.

Unerwartet taucht vor mir in diesem Moment eine kleine gelbe Schnecke auf. Knieend beobachte ich sie eine Weile und bin wahrlich erstaunt über ihre Kraft. Denn sie trotzt den für sie heftigen Wassermassen und geht langsam, stetigen Schrittes ihren Weg. Ganz ruhig, in ihrem achtsamen Tempo kriecht sie den Berg empor. Beeindruckt von dieser Stärke denke ich über ihre Fähigkeiten nach. Die Schnecke ist sehr achtsam in ihrer Geschwindigkeit, sie kann einfach nicht hektisch eilen, sondern kriecht unbeirrt ihren Pfad entlang. Sie ist unglaublich kraftvoll, hat einen starken Fuß, der fest mit dem Boden verbunden ist. Ihr Häuschen trägt sie bei sich, ist damit mobil, frei und nicht gebunden an einen Ort. Bei Gefahr zieht sie sich schnell in ihren Unterschlupf zurück und verharrt dort, bis keine Bedrohung mehr herrscht. Neugierig erkundet sie die Welt, streckt ihre Fühler gekonnt in alle Richtungen, fühlt ihren Weg. Wenn sie richtig Fahrt aufnimmt, gewinnt sie an Schnelligkeit und kriecht unnachgiebig ihrem Ziel entgegen.

Innerlich schmunzelnd schaue ich ihr noch einen Moment zu und bin einfach nur beeindruckt von diesem zauberhaften Wesen. Ich komme zu dem Entschluss: Die Schnecke wird von nun an mein Krafttier, das mich immer wieder an ihre wundervollen Fähigkeiten erinnert. Mich darin bestärkt, standhaft und konsequent meinen Weg zu gehen, in genau meinem für mich passenden Tempo.

Die Schnecke ist von nun an mein Vorbild. Ich entdecke in mir den Wunsch, wieder genauso kraftvoll und stark in meinem Körper zu werden, um so den Widrigkeiten des Lebens zu trotzen. Flexibler und beweglicher zu werden, um standhaft den Weg gehen zu können, der für mich vorgesehen ist.

Kraftsport und Kampfkunst wird mein magisch machtvolles Tool. Die Anfänge sind mühsam, öfters bin ich der

Aufgabe meiner Selbst sehr nah. Halte den aufkommenden Schmerz kaum aus. Wieder und wieder schleife ich mich förmlich zum Training. Verfluche die Hanteln, verabscheue die nervigen Wiederholungen meiner Übungen, spüre wie kraftlos ich wirklich bin. Meine Gedanken zerren an mir und zwingen mich förmlich zur Niederlage. Sie brüllen mich förmlich an, es einfach zu lassen, abzubrechen und endlich wieder zurück in meine gewohnten Routinen und Muster zu kehren. In solchen Momenten denke ich immer wieder an die kleine Schnecke und stelle fest: Aufgeben ist keine Option. Aufgabe wäre der Stillstand für meinen Weg und würde mich nur wieder dahin führen, wo ich nicht mehr sein möchte. Körperliche Beweglichkeit fördert geistige Bewegung.

Nach und nach ebben die Stimmen in meinem Kopf ab und mein Geist findet endlich Gefallen an den täglichen Übungen. Endlich spüre ich mich wieder, spüre meinen Körper und dessen Grenzen. Mein aktiver Körper schenkt mir Halt und Stabilität und ich erkenne, wie unfassbar wichtig ein festes Körpergefühl ist.

Wir werden belastbarer, geschützter in uns selbst, lernen uns und unsere Grenzen neu kennen. Unser Stand wird aufrechter und unser Geist erfreut sich an der Liebe, die wir uns selbst schenken.

Durch die neue Beweglichkeit erkenne ich darüber hinaus noch etwas Wichtiges. Die Bewegung unseres Körpers wird uns immer wieder aus befangenen Emotionen herausholen. Emotionen, die uns normal zu Boden zwingen, werden wir leichter verarbeiten und durchleben können. Es wird sich in uns etwas wandeln und sich

Neues formen. Die Kampfkunst, die Atemübungen die damit einhergehen, die langsamen Bewegungen des Qigong, werden der Ausgleich zu meinem harten Training. Die Kontraste zwischen dem Harten und Weichen tarieren meine Pole aus und bringen meine männliche und weibliche Kraft wieder ins harmonische Gleichgewicht. Nie hätte ich geglaubt, dass ich Körper, Geist und Seele wieder in solch einen liebevollen Einklang hätte bringen können.

Schenkt keinen aufmerksamen Gedanken daran, dass es nicht möglich sein kann.

Auf meiner Reise teilte Johanna mit uns einen wertvollen Gedanken: „Wenn ich nicht fühle, was ich tue, entsteht Gewalt. Wenn ich nur fühle, versumpfe ich.“ [10] Es gilt immer wieder die Balance zu finden, das richtige Maß für dich zu finden. Nicht zu viel von dem einen oder dem anderen. Deine innere Mitte, deine eigene Körpermitte zu finden. Den Geist darauf auszurichten, um dem Seelenweg unbeirrbar zu folgen.

Allein im Wald

Ich finde wieder Orientierung in meinem Leben, entdecke ungeahnte Kräfte in mir und bleibe beharrlich auf meinem Weg. Meine neue Vision für mein Leben, Menschen wieder mit sich und der Natur zu verbinden, nährt mich. Immer wieder finde ich die wichtige Inspiration im Wald, in der Natur, in meiner Stille. Die Suche meiner Selbst hat mich zu meinem inneren Kern geführt, der lebendiger und lebenshungriger denn je ist. Ich wachse über mich hinaus, drehe die Perspektive in meinem Leben auf die strahlenden Gegebenheiten und nehme das noch Unlichte einfach nur wahr. Ich verfange mich weniger in depressiven Missstimmungen und lerne mit meinen eigenen Gefühlen spielerisch umzugehen. Ängste, wie ungewohnte Situationen oder gar aufkommende Panikattacken, überwinde ich mit Hilfe der Natur und der Verbindung zu mir selbst. Viele Techniken, die ich über Jahre erlernt habe, kommen mir nun zu Gute, denn Ängste sind nie ganz weg, es kommt nur darauf an, wie du mit ihnen umgehst.

Die Natur reguliert uns, unser System, nimmt Stress, balanciert unser Gleichgewicht, bringt uns wieder zu uns, wir finden Halt und Schutz und können wieder in den Schoß von Mama Natur tauchen.

Die Heilung, die der Wald uns Menschen schenkt, wenn wir gerade in solchen Momenten und Lebenssituationen stecken, die uns aus der Bahn werfen, die uns erschüttern, die uns in die Knie zwingen, ist magischer als wir glauben. Der Wald wird uns heilen, uns neue Gedanken schenken, uns neuen Mut machen, uns beleben, uns aufatmen lassen und reinigen. Er wird für uns da sein. Er hat ein offenes Ohr für jeden Einzelnen und zeigt uns immer das, was wir gerade sehen sollen. Und das, was wir gerade lösen dürfen. Der Wald ist ein Geschenk und eine Inspiration für uns alle.

Mittlerweile kehrt die Wärme zurück. Die Sonne erhellt das Gemüt und belebt die Sinne. Es ist viel Neues in meinem Leben passiert. Ich habe mich bewusst dem Neuen zugewandt. Meine Herzunternehmung lebe liebe atme gegründet und bereits Menschen durch meine Coachingmethode aus tiefen und festsitzenden Emotionen geholfen. Bewusst nehme ich alle meine Coachies mit raus in den natürlichen Raum. Denn dort findet Magie statt. Die Natur schenkt ihnen ein Feld aus Heilung. Emotionen lösen sich hier wie auf wundersame Weise. Es ist immer wieder ein Geschenk. Zudem gebe ich Barfußkurse, habe mein erstes Buch geschrieben und versuche, immer wieder die Balance zwischen dem Tun und dem Lassen zu finden. Mir Pausen einzuräumen und das Erlebte bewusst zu fühlen. Hätte mir Jemand vor Jahren erzählt, wie mein Leben sich drehen wird, ich hätte es wahrscheinlich nicht für möglich gehalten. Besonders nicht nach 25 Jahren als Designerin. Und doch scheint alles möglich zu sein, wenn man bereit ist, sich für einen neuen Weg zu öffnen.

So ziehe ich an einem Junimorgen allein in den Wald. Ich möchte das Gefühl meiner damaligen Reise nochmals erleben. Ganz präsent, ganz mit mir, alleine einen Tag und eine Nacht im Wald. Ich möchte meine Gedanken bewusst von dem Alten klären und das Neue einladen.

Wenn wir rausgehen, in Verbindung kommen wollen mit der Natur, darf es ohne Ziel sein. Wir dürfen uns führen und leiten lassen und werden erkennen, wann es Zeit ist, sich niederzulassen und wann es Zeit ist, aufzustehen und weiterzugehen.

Der Tag beginnt mit himmlisch warmem Sommerwetter. Die Sonne strahlt auf mich herunter. Etwas Magisches, kindlich Freudiges liegt in der Luft. Es duftet nach mehr, nach Aufbruch und Loslassen. Ich trete in den Wald ein und fühle die Präsenz dieser lieblichen Pflanzenwesen um mich herum. Ich habe keine Angst mehr vor dem Wald und seinen Wesen. Fühle nur noch Verbundenheit, Liebe, Dankbarkeit und Heimat.

Mit einem Schwellengang, dem bewussten Übergang in eine neue Welt, lasse ich alles hinter mir, was mich jetzt noch gefangen hält. Lasse los von Ballast, der nur noch anhaftend klebrig an mir zerrt. Alles strahlt hell und klar um mich herum und die Natur beschenkt mich mit ihren atemberaubenden Farben. Immer wieder blinzelt die Sonne zaghaft durch das satte Grün der Bäume. Es ist wundervoll, wie beruhigend wohltuend die Ruhe und Stille mit mir selbst ist. Meine Gedanken sind klar und ruhig und ich steige langsam sanften Schrittes den vor mir liegenden Berg hinauf. Nichts gibt es zu tun, nur einfach zu sein. Ganz präsent im Hier und Jetzt.

Die Stunden verstreichen, der Wald nimmt mich behütend in seine Arme, ich wandere weiter, mal halte ich inne und beobachte einfach nur die Natur. Die Schönheit und filigrane Raffinesse mancher Tiere und die zauberhaften Details, die schöpferisch unfehlbar sind. Ich fühle mich geborgen und beschützt. Ungeahnte Dankbarkeit durchströmt meinen gesamten Körper. Ich werde in Gedanken demütig über das Geschenk meiner Reise. Über die Wunder, die mir seither zuteilwurden. Über das wiedergewonnene Glück meiner geliebten Heimat, dem Wald. Nichts hätte mich so allumfassend heilen können, als die stille Auszeit vor fast einem Jahr in der Schweiz.

Nach Stunden bin ich tief versunken in dem natürlichen Feld. Tiere nehmen mich kaum mehr bewusst wahr, da meine Energien sich an ihr natürliches System angeglichen haben. Sie kreuzen meinen Weg und gehen ihren Tätigkeiten nach.

Am späten Nachmittag schlage ich endlich mein Nachtquartier auf. Es ist ruhig und dämmrig. Die Sonne neigt sich sanft, taucht den Himmel in zartes Rosa. In mir spüre ich einen Hauch von Aufregung, denn es ist das erste Mal in meinem Leben, dass ich ohne Zelt im Wald nächtigen werde. Ganz allein, mit den Wesen der Natur.

Mehr und mehr nimmt die Helligkeit ab, ich liege tief versunken in meinem warmen Schlafsack und beobachte das Geschehen um mich herum. Meine Gedanken schwirren umher. Ich atme tief und gleichmäßig. Immer wieder beobachte ich meine aufkommenden Gefühle, wie sie versuchen mir Angst zu machen. Es ist ungewohnt, neu, ich breche aus aus dem Gewohnten und fühle, ich bin es, die das lenken kann. Ich kann meine Gedanken in eine tiefe Abwärtsspirale manövrieren oder kann mich bewusst für erhellende Gedanken entscheiden. Tiefe Atemzüge verlangsamen meine Aufregung. Vertrauen kehrt zurück.

Ich muss nichts fürchten, ich darf vertrauen und mich dem Neuen hingeben. Ich darf gut mit mir umgehen und Gutes erwarten. Ich darf mich geborgen in der Natur fühlen und den Ängsten liebevoll begegnen. Im Mantel der Dunkelheit schließe ich langsam meine Augen und spüre tiefen Frieden in mir. Alles ist gut, in genau diesem Moment.

Die Visionssuche

In der Stille sitzend schickt mir der Geist der Natur neue Antworten. Denn eine Visionssuche ist die Sortierung des Geistes und das Empfangen neuer Orientierung für das eigene Leben. Klarheit zu finden in einem begrenzten Raum, sich neu auszurichten und Altes loszulassen.

Die bewusste Suche offenbart mir ein neues spirituelles Bewusstsein. Die Ablenkung des Außen nimmt ab und verstummt. Es wird leise und die wirren Gedanken beruhigen sich. Wir erfahren, was wir hier auf Erden tun dürfen und finden Lösungen für den gegenwärtigen Moment unseres Lebens. Der Körper ruht für einen Moment und wird durch das Fasten und das Gebet an Gott sanftmütig und rein, so dass der Geist Zeit findet sich zu besinnen.

Wir erhalten neue Anweisungen und können den Wünschen des Herzens lauschen und dem höheren göttlichen Auftrag Raum geben.

Ich denke, dass eine Visionssuche uns findet. So ging es mir vor einem Jahr. Es war ein innerlicher Ruf, ein Drang, innenzuhalten. Nicht laufend, nicht sprechend, sondern in Stille mit mir selbst zu gehen. So spüre ich auch jetzt, dass der Ruf mich immer wieder ereilt. Die Wildnis ruft dich beizeiten, denn sie weiß, wann es Zeit ist, den Geist zu beruhigen. Wann es Zeit ist, neue Antworten zu empfangen und eine neue Orientierung für das eigene Leben zu erhalten. Und wann ich mich mit den Geschöpfen von Mutter Erde verbinden soll, um tiefere Weisheiten zu erlangen und den weiteren Weg zu gehen.

Die Visionssuche war die tiefste und wichtigste Erfahrung in meinem Leben. Sie gab mir neue Kraft und Klarheit und wurde ein Wegweiser für mein Leben. In Stille zu gehen wirbelte Altes, Festgefahrenes auf und sortierte den Geist neu. Wie ein Hausputz klärte die Suche zu mir mein Inneres.

> *„Du musst tiefer schauen, weit unter den Zorn, den Schmerz, den Hass, die Eifersucht, das Selbstmitleid, weit tiefer, wo die Träume liegen, mein Sohn. Finde deinen Traum. Es ist die Verfolgung des Traums, die dich heilt."*
>
> Billy Mills [11]

Gefühle und Empfindungen befreien – werde frei und vergebe

Das Leben schenkte mir nicht nur diese wundervolle Erfahrung, sondern ließ mich auf dieser Reise heilen. Ich fand Menschen, die mir halfen, meinen Schmerz, meine tiefsten und düstersten Emotionen ans Licht zu tragen. Ich fand meine kindlich schmerzhafteste Emotion, gefangen, eingeschlossen, in einem dunklen Gefängnis aus Schuld, Selbstzweifel, Minderwert und Scharm. Ich fand mein kleines Mädchen, traurig verkümmert, wimmernd und half ihr heraus aus dem kindlichen Schmerz, der für mich ein Wegweiser wurde. Ein Wegweiser, um alte Wunden zu heilen und den Groll und Zorn zu ersticken.

Wir sind hier, um zu erfahren, zu erleben, zu lieben und um wahrhaftig zu leben. Wir sind hier, um all die verborgenen Gefühle aufzudecken, um sie in Heilung zu bringen und sie wie einen Vogel freizulassen. Nicht in ihnen zu versinken, sie nicht emporzuheben und uns in ihnen zu verlieren.

Alle Menschen auf unserer Reise sind Geschenke an uns, die wir öffnen dürfen. Die uns etwas lehren werden, die uns Offenbarungen über uns und unser Leben schenken werden. Es werden wundervolle Geschenke dabei sein und es werden Geschenke dabei sein, die uns im ersten Moment nicht als Geschenke vorkommen werden.

Was ich im Leben gelernt habe, ist, dass genau diese schmerzhaften Geschenke die größten Lehrer sein werden und die größte Heilung mit sich bringen können.

Denn jeder Schmerz, den wir heilen, jedes Ereignis, das wir liebevoll annehmen können, jeder Mensch, dem wir vergeben können, wird uns dadurch in unsere wahre Größe bringen. Wir werden stärker, wir werden friedvoller werden, denn wir geben den Kampf auf, wir legen die Waffen nieder, wir ersticken den Groll und den Zorn und werden nicht vom Opfer zum Täter. Wir vergeben und stiften Frieden.

Vergeben wir bevor der neue Tag anbricht, lassen wir die Angst ziehen, entzünden wir das Feuer in uns und entdecken unser größtes Licht, unsere wahre Kraft.

Fangen wir klein an und werden groß.

In Liebe annehmen was ist

Die Visionssuche wurde zum Spiegel meiner Selbst. Hier darf alles sein, hat alles Platz. Hier legen wir Gott unsere schlimmsten Erfahrungen vor seine Füße und unser verschlossenes Herz öffnet sich für einen heiligen Raum. Wir müssen nichts tun und unsere Ängste nicht länger festhalten. Denn die Anhaftung an die Angst, an unsere verschachtelten Gefühle, nährt nur unser garstiges Ego, welches in seinem Drama bleiben möchte.

Hier in diesem geschützten Raum, der uns in unserer Begrenzung Halt und Sicherheit schenkt, liegt unsere größte Aufgabe im Leben. Nach allen Tragödien, Schmerzen, Dramen, zurück zur Liebe zu finden. Die Liebe in unserem Herzen neu zu entfachen, uns zu öffnen. In Liebe, Demut und Dankbarkeit alles annehmen, was gerade ist.

„Dunkelheit ist die Abwesenheit von Licht und Angst ist die Abwesenheit von Liebe." [12]

Erlaube wir uns in unserem größten Schmerz zu sein. Erlauben wir uns ihn zu fühlen, zu spüren. Schenken wir ihm die wahrhaftig liebevollste Aufmerksamkeit, die zur Heilung notwendig ist. Nur versinkt nicht in ihm.

Doch wie schaffen wir es im wahrhaftig größten Schmerz die wahrhaftig größte Liebe zu finden? Durch Hingabe, durch Annahme dessen, was ist. Ohne Umschweife. Diese bewusste Arbeit mit dir selbst erfordert Mut und Vertrauen, es fordert dich heraus und wirbelt dich umher. Doch wenn der erste Sturm vorübergezogen ist, wirst du Schicht um Schicht zu deinem göttlichen Sein zurückkehren und dir selbst in wahrhaftiger Liebe begegnen können. Denn das ist unser ureigener Wesenszustand. Reinste Liebe, reinstes Sein.

Drum lasst uns aufbrechen, Schicht um Schicht die gespeicherten Gefühle und Empfindungen in Heilung bringen und uns wieder in liebevoller Güte einander begegnen. Genau dafür sind wir genau jetzt hier. Lasst die alten Verstrickungen los, gebt den Kampf um das aufgeblasene Ego auf und erkennt die wahre Aufgabe. Unsere wahre Aufgabe, die Rückkehr zur Liebe.

Lasst uns einander mehr lieben.

Fest verwurzelt im eigenen Selbst

In unseren geistig herausfordernden Zeiten haben wir mehr und mehr die Verbindung zur Erde verloren, denn die stark kopflastig denkende Gesellschaft hat zur Folge, dass wir unter einer extremen Entwurzelung der Erde leiden, uns regelrecht von ihr entfernt und entfremdet haben. Wir suhlen uns in Dramen und blasen das eigene Ego unnötig auf. Schweifen von unserem wahren Selbst ab, wollen einander gefallen, imponieren, vergleichen, selbstoptimieren und in Kampf miteinander treten, ob auf physischer oder psychischer Ebene. Doch kann das die Lösung sein?

Lasst uns mehr fühlen und weniger denken. Lasst uns einander auf liebevolle Weise begegnen und das ehren, was uns geschenkt wurde. Lasst uns unsere Natur ehren und die heilige Weisheit allgegenwärtig werden.

Die Reise war der Anfang eines neuen Lebensabschnittes. Ich habe das Gefühl, getragen zu werden. Und doch gibt es Tage, an denen alte Empfindungen immer mal wieder an mir rütteln. Es gibt Tage, an denen ich mich diesen Gefühlen nur haltlos ergeben kann. Und genau hier lerne ich, alles ist gut und alles darf sein. Denn jetzt habe ich für mich Möglichkeiten gefunden, wie ich genau durch solche Stürme sanfter gleiten kann.

Genau dann, wenn alles um uns herum aussichtslos erscheint, ist die wahrhaftig beste Lösung, sich mit der Erde und der mütterlichen Kraft zu verbinden. Sich ruhig dem Erdboden zu ergeben und einfach nur zu sein. Zu atmen, immer wieder ruhig in den Moment zu atmen und die Kraft wahrzunehmen, die durch einen strömt.

Erdung und die tiefe nährende Verbindung zur ursprünglichen Erdkraft schenken uns innere Stabilität und Halt, statt Angst und Selbstzweifel. Wenden wir uns ihr immer wieder zu. Gehen wir raus in die Natur und baden in der Fülle.

Erdung und stilles Besinnen sind die schönste Möglichkeit, sich mit dem Göttlichen in uns zu verbinden. In Verbindung mit Gott zu treten und sich für die Wunder zu öffnen, für alle Möglichkeiten, die uns bereitstehen. Die Erde gleicht aus, was uns fehlt. Sie schenkt uns neue Lebensenergie und beruhigt unser starres Denken, unser verkopftes Handeln.

> *„Geh aufrecht wie die Bäume. Lebe dein Leben so stark wie die Berge. Sei sanft wie der Frühlingswind. Bewahre die Wärme der Sonne im Herzen und der große Geist wird immer mit dir sein.“* [13]

Der Stille immer wieder Raum geben

Die Tage im Juli werden immer wärmer. Die Sonne erhellt das Gemüt und die allumfassende Farbenpracht der Natur, das wundervoll satte, saftig glänzende Grün kitzelt die kindliche Freude aus mir heraus. Es duftet süßlich zart nach Holunder und die Blütenpracht verzaubert die Sinne.

Immer wieder zieht mich das Draußen, zieht mich der stille Raum. Hier kann ich sein, wer ich bin. Hier draußen brauche ich mich nicht zu beweisen oder zu vergleichen. Ich bin gut, wie ich bin.

Immer wieder kehrt die Stille zu mir zurück. Lädt mich ein hinzuschauen, was stimmt noch, was stimmt nicht? Dort in der Stille, wo scheinbar nie etwas passiert, passiert das Größte. Immer wieder flüstert sie mir zu. „Komm setz dich zu mir, besinne ein wenig und dann erzähle ich dir was. Von dem wilden Treiben um dich herum und deinen Stürmen im Inneren."

Die Stille ist Symbol einer liebevoll fürsorglichen Mutter für mich geworden. Sie passt auf mich auf. Zeigt mir den Weg und schenkt mir den Raum, den ich brauche. In der Stille finde ich immer wieder ganz und gar zu mir und tauche bewusst hinein. Und jedes Mal ist es wie ein neues Abenteuer, eine Reise zum Mittelpunkt meiner Selbst.

Stille ist ein wundervolles Hilfsmittel, um wahrhaftig zu hören, zu lernen. Doch der erste Moment, und so erscheint es mir immer wieder, ist gefüllt von Angst. Was könnte ich entdecken und was könnte sie mir zuflüstern, was ich nicht gern sehen möchte.

Stille zeigt uns unsere äußerliche Abhängigkeit, unser Suchen nach der erhofften Erlösung. Sie bringt uns beizeiten Ohnmacht und Haltlosigkeit, wirkt unangenehm laut. Doch wenn wir hinhören, uns dem Öffnen, dem Unbekannten, schenkt sie uns Raum für das Neue. In diesem Raum wird sich Gott zeigen, uns durch den Sturm führen, leiten und uns wieder rückbesinnen. Wir werden an

Stärke und Zutrauen gewinnen. Doch wir müssen es tun, wir müssen selbst in den Raum des Unbekannten treten und uns die Zeit für Stille einräumen. Uns Stille erlauben und uns ihr vollumfänglich ergeben. Uns auf sie einlassen und die Geschenke empfangen. Dann wird es zu einem Akt der Selbstliebe, der Selbstfürsorge für uns.

„Steh auf und werde Licht"

Bibel Jesaja 60,1

Das Drama verlassen

Prüfe immer wieder, ob der Schmerz notwendig ist. Ob es sein muss, dass du in ein persönliches Drama, in den altbewährten Schmerz fällst, oder ob die Möglichkeit besteht, dass alles in deinem Leben bereits vorhanden ist. Dass alles in deinem Leben für dich geschieht, auch wenn du es im gegenwärtigen Moment noch nicht im vollen Umfang sehen kannst.

Beobachten wir unsere selbsterwählten Gedanken. Dienen sie uns oder hindern sie uns in unsere volle Größe, in unser volles Potential, gehen zu können. Das aufgeplusterte Ego möchte das Drama niemals verlassen. Es möchte egoistisch in seinem Gewohnten bleiben und Schmerz und Leid erzeugen.

Doch wir sind nicht unsere Gedanken. Wir sind wahrhaftig strahlende Seelen und dürfen uns immer wieder selbst die Frage stellen: Bringen uns diese Gedanken, die wir heute denken, unserem Ziel von morgen näher. Ist das wirklich wahr, was wir denken, was wir selbst über uns denken und was wir uns erzählen. Ist das wirklich wahr?

Und wir werden feststellen, dass es nur Gedanken aus einer Konditionierung heraus sind. Wir dürfen aus diesen Gedanken austreten und uns auf einer liebevolleren Ebene begegnen. Wir dürfen uns mutig heraustrauen und unsere alten, ausgedienten Dramen jetzt endlich verlassen.

Werden wir mutig und treten heraus. Erschaffen wir uns Glaubenssätze, die unser wahres Sein bekräftigen. Gehen gedanklich neue Pfade, neue Wege. Wir dürfen es uns wert sein.

Denn hinter all diesen Dramen - das habe ich auf meiner Reise erkannt, stecken unsere größten Gaben. Vielleicht sind sie noch versteckt, eingestaubt, in Schubladen verstaut. Vielleicht haben wir uns lange nicht mehr getraut sie anzuschauen und ihnen bewusst zugehört. Denn der Schmerz und das Drama verbergen eine süße Gefahr. Die Gefahr, nie daraus zu entwachsen, aufzustehen und neue Wege zu gehen. Und sie bringen Zweifel mit und Fragen wie: Können wir das wirklich? Wollen wir das wirklich?

> *„Ich sage euch, wir können. Wir können über uns hinauswachsen, wir können Großes schaffen und Schweres tun. Wir können uns mutig begegnen. Muten wir uns und anderen zu und erwarten das Größte."*

Glennon Doyle [15]

Denn alles beginnt mit dem Zauber des ersten aufsteigenden Gedankens an ein Vorhaben, das uns entspricht. Für das wir, unsere Seele hier auf Erden, angetreten ist. Jagen wir die Selbstzweifel in jeder erdenklichen Sekunde in die Flucht, denn ohne sie sind wir rein, klar und erschaffen in uns göttliche Ordnung und Zielstrebigkeit. Entfache ich die Freude in mir, wird sich mein Äußeres daran angleichen.

Vertrauen

Vertrauen wir dem Moment, lassen die Angst gehen und die Vergangenheit stehen.

Jetzt ist es fast ein Jahr her. Ein Jahr voller neuer Pfade, Herausforderungen und vieler bunter Geschenke. Und doch haben mir die letzten Wochen einiges an Kraft abverlangt. Es gibt Phasen der Trägheit, des radikalen Stillstandes, Phasen des Raum-Haltens, Momente, die mir bewusst Zeit schenken, wenn ich diese annehme. In solchen Zeiten gilt es in ein tiefes Vertrauen zu tauchen, denn alles ist genau dann zum genau richtigen Zeitpunkt da, wenn ich es brauche. Es findet alles zu uns, wenn wir Kurs halten, unser Ziel klar vor Augen sehen und uns genau in diese Richtung bewegen.

Wenn wir in den Flow, in die Bewegung des Lebens eintauchen, gibt es nichts zu tun. Dann gibt es nur das eigene Sein ohne Zweifel. In diesem Zustand passieren Wunder. In diesem Moment entsteht Magie und wir können uns vollkommen fallen lassen.

Das ist das bewusste Leben. In seiner vollen Pracht. Wir müssen es nur zulassen und eine bewusste Entscheidung dafür treffen.

Die letzten Wochen haben mich immer wieder herausgefordert. Es ist das erste Mal in meinem Leben, dass ich mich neu ausrichte, dass radikaler Stillstand mir fast den Atem nimmt. Dass der Sturm mein Segelschiff zornig umherwirbelt und die Wellen es fast zum Kentern bringen. Ich fühle mich manches Mal haltlos und die garstigen Selbstzweifel schnüren mir die Luft ab. Alte Muster erfreuen sich an meinen wirren Gedanken, versuchen die Oberhand zu gewinnen. Und doch ist da diese wundersame Stimme, der feste Glauben, dass ich auch gerade durch diese Zeiten getragen werde. Genau hier liegt meine Aufgabe, mich dem Nichtwissen für meinen Weg hinzugeben, mein Ziel im Kompass fest einzunorden, der zarten Stimme zu vertrauen, die mir tagtäglich einen kleinen Schritt nach dem anderen offenbart und zeigt, wo ich entlanggehen darf. Mein gewohnt berufliches Stück für Stück zu verlassen, um vollkommen in dem Neuen aufzugehen, denn eines Tages darf sich die Designerin in mir ausruhen und ich werde ihr sagen: Ich danke dir von Herzen, du hast mir einen wundervollen Dienst erwiesen. Doch jetzt ist es an der Zeit, Menschen wieder mit sich und der Natur zu verbinden und ihnen aus ihrem Schmerz zu helfen.

Und ich habe weit mehr vor. Es gibt immer nur eine Sache, die wir jetzt zu tun haben und eine Sache, die darauf folgt. Schritt für Schritt, in kleinsten Minischritten, werden wir unser Nordlicht erreichen.

Öffnen wir unser Herz und lassen von dem Schmerz los, nicht versorgt zu werden, nicht geliebt zu werden, nicht gesehen zu werden. Lassen wir von alten Überzeugungen los, die uns Misstrauen schenken. Gehen wir ins Vertrauen, in die vollumfängliche Kraft unserer Selbst und erlauben Gott durch uns hindurch zu wirken. Sagen ja zu uns und unserer innewohnenden Kraft.

All unsere Wünsche und Träume, machen wir sie lebendig und schenken sie der Welt. Jetzt ist die Zeit. Jetzt ist der Raum und jetzt gilt es aufzustehen und in unser innewohnendes Vertrauen zu tauchen.

Geben wir den Umständen in unserem Leben keine Macht über uns. Konzentrieren wir uns ganz darauf, die Energie aus unserem Inneren zu holen. Kämpfen wir nicht dagegen an, sondern werden eins damit und nutzen die Macht für uns. Zweifeln keinen Moment an uns selbst, glauben an unsere in uns wohnende Kraft.

> *„Ablenkung ist der mächtigste Dämon, gefolgt vom Dämon des Selbstzweifels."*
>
> Tom Brown [16]

Wir erwarten Rückschläge. Ja, denn Selbstzweifel tauchen in allen möglichen Situationen ungeahnt auf. Stellen sich uns in den Weg und hindern uns in unserem Vorankommen. Und wenn die Situation sich dann doch in vollkommener Einfachheit auflöst, zweifeln wir selbst diesen Zustand an.

Die Lehren, die ich daraus ziehe, sind:

Beherrschen wir den Geist, um die Selbstzweifel nicht siegen zu lassen oder gar Macht über uns zu gewinnen.

Halten wir Ausschau nach den Wundern und Zeichen für unser Leben. Sie sind versteckt, ganz klein oder riesengroß, genau vor uns. Und sie warten in jedem Moment, besonders in denen, in denen wir an den Fluss des Lebens angebunden sind. Wir haben immer die freie Wahl, wie wir mit Schwierigkeiten umgehen und lernen damit fertig zu werden. Wir können den Gedanken des Misstrauens nähren, oder uns dem Vertrauen hinwenden. Wenn wir es wagen, wird genau dieses Vertrauen aus dem standhaften Glauben an das machbar mögliche Ergebnis erwachsen. Denn wenn uns eine Aufgabe aussichtslos, über alle menschliche Vorstellungskraft erscheint, bedarf es diesem starken, unbändigen Glauben, dass es gelingt.

Wir dürfen lernen und uns dahin trainieren, einen klaren und starken Geist zu erschaffen, ein Bewusstsein, das alle Grenzen des menschlichen Denkens sprengt. Ebenso ein körperliches Bewusstsein, das dem starken Geist eine kraftvolle Heimat bietet. In dieser bewussten Anstrengung, dem Verzicht jedwedes logischen Gedankens, erlangen wir die Welt der heiligen Stille. Und in dieser heiligen, konzentrierten Stille erwachsen, nein, erblühen wir aus unseren selbst erschaffenen Begrenzungen und erweitern das eigene Leben.

„Beende den Kampf. Im Vertrauen mit Gott gehen heißt, dass du die Widerstände gegen seinen Plan aufgeben sollst. Denn er wird dich führen und leiten alle Zeit. Er zeigt dir, was dein Wirken hier auf Erden ist, wenn du still zuhörst. Und wenn dann der Sturm kommt, kannst du auf den schlafenden Jesus auf seinem Kissen blicken und dich entspannen."

Bibel, Markus 4 [17]

Vertrauen wir in ihn und seine grenzenlose Macht.

Dankbarkeit

Was bedeutet es wahrhaftig dankbar zu sein? Für was kann ich in meinem Leben dankbar werden oder sein?

Ich denke, dass ein gegenwärtiges Leben, ein Erleben und ein waches Bewusstsein in jedem Moment die Verbindung zur Dankbarkeit herstellt und uns diesen Zustand eines wachen Geistes schenkt, für die wesentlichen Dinge des Lebens dankbar zu sein.

Dankbarkeit erwächst aus dem Herzen und in Verbindung mit den Menschen um mich herum. Dankbarkeit schenkt mir Frieden und den Glauben an die wahrhaftige Liebe. Im Zustand ehrlicher Dankbarkeit sind wir in Liebe verbunden. Mit allen Dingen um uns herum. Schenken einander Liebe und empfangen diese. Dankbarkeit öffnet Herzen, lässt sie leuchten und strahlen und schenkt Weite, Raum für neue Möglichkeiten.

In Verbundenheit zu Gott finde ich Frieden, Halt und entdecke Dankbarkeit neu für mich. Für die einfachen, kostbar winzigen Momente dankbar zu werden. Die Momente, die nie zurückkehren und sich wie Schätze an einer Perlenkette aneinanderreihen. Momente, die ich in meinem Herzen mit mir trage. Die mich in schweren Zeiten tragen und mir Freude schenken.

In meinem Leben bin ich dankbar, dass ich atme, und jeden einzelnen Luftzug genießen darf. Dass ich aus voller Lunge tief ein und ausatmen darf. Dass ich die frische Luft in meinen Körper schicke und sie mir neue Kraft schenkt. Ich bin dankbar, dass ich die Schönheit der

Schöpfung in jedem Moment mit eigenen Augen betrachten darf. Wie sich Farben und Formen vor mir wandeln. Wie die Liebe sich in den Gesten so vieler Menschen zeigt. Wie ich unsere kostbare Natur im Wechselspiel der Jahreszeiten beobachten und die Geschenke der Natur, dieser wundervollen Erde, durch meine Augen betrachten darf. Ich bin dankbar, dass ich den lieblichen Duft des frühen Morgens in mich aufnehme. Den Duft von zarten Kräutern, Blumen, nassen Wiesen, frisch vom tau benetzter Wiesen. Ich bin dankbar meine Lieben zu spüren, sie in die Arme zu schließen, meine Liebe durch eine Berührung weitergeben zu dürfen. Das Leben zu schmecken, es zu kosten, auszukosten in allen Facetten. Ob bittersüß oder zartschmelzend cremig.

Das Morgen fängt heute an. Ich darf mich entscheiden, wie ich den Blick auf die Dinge lenke. Ob ich mit verschlossenem Herzen das Nichtmögliche erzeuge, oder ob ich mit wachem, frisch neugierigem Geist die Welt in Liebe betrachte. Zu jedem Moment, in jedem Augenblick, in jeder einzelnen Sekunde.

Die Stillezeit eröffnete mir einen neuen Raum für die Dankbarkeit. Denn wenn ich den Blick vom Außen um 180 Grad nach innen drehe, entsteht die wahrhaftige Verbindung zu mir selbst und ich erkenne mich, mit all meinen Anteilen. Dann habe ich keine Aufgabe mehr im Außen, dann ist kein nötiger Vergleich da. Dann ruhe ich in mir und kann aus dem tiefsten meiner Selbst schöpfen und bin dankbar berührt von der unendlichen Weite in mir.

Ich erinnere mich an die Nacht, in der die schweren Gewitter dort oben am Berg mir durch Mark und Bein fuhren. Der Wind fegte wirsch über den Berg, brauste, tobte unbehaglich durch die Nacht. Mein Zelt wurde vom Wind fast aus den Angeln gehoben. Die prasselnden Regentropfen attackierten mein Zelt von allen Seiten wie wild gewordene Pfeilspitzen. Unaufhörlich, gar zerstörerisch. Dieser wilde Ritt geschah im Außen und erzeugte in meinem Inneren panische Ängste. Ich war wie gelähmt und ohnmächtig. Jedoch war das alles nur im Außen.

Wenn ich das immer wieder liebevoll wahrnehme, bewusst erkenne, worauf mein Blick gerichtet ist, kann ich aus voller Liebe wahrlich größte Dankbarkeit erzeugen.

In Einfachheit leben

In den letzten Monaten stelle ich mir immer wieder Fragen. Wie möchte ich wirklich leben? Womit möchte ich meine Lebenszeit füllen? Was schenkt mir wirkliche und wahrhaftige Freude, in der ich aufgehe? Mich vielleicht kindlich spielerisch verlieren kann. Was möchte aus mir heraus in die Welt?

Ein Leben ist in einem ungeahnt schnellen Wimpernschlag zu Ende. Auf meiner ersten Reise, die ich vor vielen Jahren allein unternahm, bekam ich zum ersten Mal eine Ahnung von einem leichten, in Einfachheit lebenden Leben. Als ich mit dem Rucksack zwei Wochen über die

Berge lief, mit vollem Gepäck und einem gefüllten Rucksack praller Gedanken, erkannte ich zum ersten Mal den Ballast in meinem Leben.

Wie viel hatte ich mir angehäuft. Ob gedanklich oder materiell. Doch dort oben spielte all das keine Rolle mehr. Nach und nach wurden die Gedanken weniger. Mein inneres Fass leerte sich, um mit neuen Eindrücken und Erfahrungen voll zu werden. Schritt für Schritt ließ ich den Ballast los und trat in die Einfachheit des Lebens ein. In den gegenwärtigen Augenblick. Dort oben stehend, auf den Gipfeln der Berge, wurde mir klar, dass ein Leben an Materie gekettet kein Leben mehr für mich war. Denn der Ballast stiehlt die Leichtigkeit fürs Leben. Ohne Anhaftung von außen werden wir wieder flexibler und gehen mutiger neue Schritte. Ungeahnt wohin sie uns wirklich tragen.

Die Einfachheit beruhigt den wilden Geist und lädt uns ein, leichter zu denken.

Sieben Jahre später und viele Erkenntnisse, Erfahrungen und Eindrücke weiter erwächst der innere Wunsch, mich noch radikaler von meinen Habseligkeiten zu lösen, um die Welt zu entdecken. Mich wieder so leicht wie damals auf dem Berg zu fühlen und das Abenteuer in mein Leben einzuladen. Meinen Kindern unsere wunderschöne Erde zu zeigen. Mit ihnen die Welt zu entdecken, zu reisen, Menschen und Kulturen kennen zu lernen, und als Familie zu wachsen und neue leichtere Wege zu gehen. Ihnen die Angst zu nehmen, mutig in die Welt zu treten und aufgeschlossen dem Leben gegenüber zu werden. Demütig dankbar für die unglaubliche Schönheit, die jedem einzelnen Moment innewohnt. Für die Kostbarkeiten dieses bunten Planeten. In der Einfachheit steckt eine Magie, ein kleiner Schatz, der uns wieder erlaubt, freier in unserem Leben zu werden. Die Fülle des Lebens zu erkennen. Die Einfachheit öffnet Türen für neue Möglichkeiten und sortiert unsere Gedanken.

Denn was nehmen wir mit von dieser Erde, wenn eines Tages der Zeitpunkt in unser Leben tritt, dass wir Abschied nehmen müssen? Was werden wir in Erinnerung behalten? Was wird uns vielleicht ein letztes Lächeln auf das Gesicht zaubern? Welcher Gedanke wird uns bei unserem letzten Atemzug kommen? Welche Momentaufnahme wird uns die Angst vor dem Übergang in eine neue Welt nehmen?

Lasst uns nur mitnehmen, was wir wirklich tragen können.

Nicht nur materiell, auch gedanklich spielt die Einfachheit eine wesentliche Rolle. Wenn wir in Konflikten zu anderen Menschen stehen, Groll und Zorn hegen, uns vielleicht über Jahre in energetischen Verstrickungen befinden und nicht vergeben können, ist die Entscheidung, aufeinander zuzugehen, eine wichtige Weichenstellung, die uns in den Weg der Einfachheit führt. Denn der gedankliche Ballast füllt unser Leben mit einer brutalen Schwere, die wir ebenso durch unser Leben tragen.

„Einfachheit ist die freiwillige Beschränkung auf das Wesentliche."

Das hatte schon der Philosoph Andreas Tenzer [18] erkannt. Ich stelle fest, dass wir verlernt haben, in Einfachheit zu denken. Das Leben ist komplizierter und folglich auch anstrengender geworden. Es ist verschachtelt wirr und immer losgelöster von der Natur oder einem Zusammenspiel mit der Natur. Dabei sind wir Natur. Wir sind Lebewesen dieses blauen Planeten und tanken unsere Energie aus dem Reinen, dem Natürlichen.

Vielleicht ist dies der Weg, um genau dorthin wieder zurückzukehren. Dem Einfachen die präsente Aufmerksamkeit zu schenken. Es einfach zu machen. Einfach zu atmen, einfach die Natur zu besuchen, einfach Ballast abzuwerfen, einfach gedanklich aufzuräumen und einfach zu sein.

Fragen wir uns. Wie möchten wir wirklich leben? Was schenkt uns die nötige Einfachheit für unser Leben und welchen Ballast möchten wir nicht mehr tragen? Wo können und dürfen wir vergeben? Welchen mutigen Schritt dürfen wir für unser erfülltes, leichtes und einfaches Leben gehen? Und dann folgen wir der Freude und unserer kindlichen Neugierde.

„Die Kunst des Abenteurers ist es, das Unmögliche zu wagen und dabei am Leben zu bleiben."

Reinhold Messner [19]

Die Wildheit in mir will leben

Alle Anteile meiner Selbst sind wichtig und wertvoll. Sie müssen erlebt, nein belebt werden.

Ich besuche Johanna fast ein Jahr nach meiner Visionsreise in Belgien. Hier scheint die Welt stillzustehen. Ihr Platz ist ein Ort der Heilung, des reinen Seins. Lebendig, natürlich und doch durchdrungen von einer einhüllenden Ruhe. Ich fühle mich wohl, genährt und tanke auf.

Diese bewusste Pause, das kurze Anhalten meines Lebens, erlaubt mir und meinem Geist nachzusinnen und erneut in die Stille zu treten, denn viel ist in den letzten Wochen und Monaten passiert.

An diesem Morgen sitze ich vor dem Teich im nassglitzernden Gras, der kühle Wind bringt frische Gedanken und mit einem Lächeln denke ich an den gestrigen Abend. Über den tanzenden Rausch, den ich nach Jahren wieder aufleben ließ. Ich spüre die vibrierende, ekstatische Musik, diese unbändige Kraft, die verborgen ungelebte Kraft, meine Wildheit, die vor vielen Jahren im Tanz Ausdruck fand. Mein Körper bewegte sich geschmeidig in vollkommener Verbindung mit der pulsierenden Energie des Raumes. Ich gab mich der Kraft in mir hin, tauchte in meine verborgen kindliche Welt, der Urkraft meines Seins. Allumfassende Freude umgab mich in diesem Moment. Freude, die aus den Tiefen meiner Selbst plötzlich wieder entfacht wurden. Diesen verstaubten Anteil meiner Selbst ließ ich an diesem Abend wieder frei und integrierte ihn liebend.

Oft geschieht es, dass wir uns an unsere Umgebung, an selbst auferlegte Erwartungen, Empfindungen, an die Menschen, die wir lieben, anpassen. Dass wir uns für etwas oder einen Weg, eine Einstellung entscheiden, die nicht unserem Naturell entspricht.

Doch verraten wir uns in diesem Moment nur selbst. Verleugnen unsere eigene Macht, unterdrücken unsere Gaben, bewerten einander, um vermeintlich geliebt zu werden. Dürstend nach Liebe beschneiden wir somit unser Selbst, formen ein Fremdbild nach Wünschen der äußeren Vorstellungen und entfremden, entwurzeln uns von der ursprünglich angelegten Kraft.

> *„Höre auf den Wind, er flüstert. Höre auf die Stille, sie spricht. Höre auf dein Herz, es ist voller Weisheit.“* [20]

Mit weitem Blick in die Ferne komme ich zu der Erkenntnis, dass die Wildheit ebenso wie die Stille ein wichtiger Teil unseres Seins ist. Sie darf und muss gelebt werden. Darf in mein Leben integriert werden und einen Platz einnehmen, denn getrennt voneinander werde ich entweder versinken oder es wird heilloses Chaos entstehen.

Zurück zur wilden Natur

Ebenso ist es mit der Wildnis, der wilden Natur vor unseren Türen. Dies ist der Raum, ein Spielplatz für unsere Seele, die es zu beschützen gilt. In ihr darf die Wildheit gelebt werden, darf das innere Kind frei sein und an Lebensenergie auftanken.

Als Kind wuchs ich behütet und ursprünglich auf dem Land auf. Ich hatte das große Glück, dass angrenzend an unser Haus das Abendteuer Wildnis, die pralle, volle Natur wucherte. Eine unbändig raue Wildnis, ohne Wege oder ausgetretene Pfade. Ich entdeckte jeden Tag kleine und große Dinge. Wurde eins mit dem wilden Wald und kehrte täglich dort ein. Zeit wurde zu einer Illusion. Ich erfand eigene Spiele, traute mich mehr und mehr in die Dunkelheit des dichten Waldes. Und doch hatte ich immer das Gefühl, beschützt und sanft behütet zu sein. Ich war angebunden an das Netz der Natur, an die Energie der Erde, denn ich war Natur.

Durch diesen kindlichen Anker sehe ich heute diese Notwendigkeit, sich mit ihr wieder zu verbinden, den Bezug dazu wieder herzustellen. Dem Natürlichen die wichtige Aufmerksamkeit zu schenken und ein gesundes Bewusstsein dafür wieder zu entwickeln. Sich achtsam mit dem Geist der Erde und dessen Geschöpfen zu verbinden und wahrzunehmen, welch wichtige Ressource dem innewohnt. Sie ist unsere natürliche Nahrung, unsere Heimat und gleicht die Energie aus, die uns oftmals fehlt.

> *„Wir müssen die Wälder für unsere Kinder, Enkelkinder und Kinder, die noch geboren werden, schützen. Wir müssen die Wälder für diejenigen schützen, die nicht für sich selbst sprechen können, wie die Vögel, Tiere, Fische und Bäume.“* [21]

Wir können viel von der Natur lernen, uns ihr Geheimnis zunutze machen. Uns von ihrer Geduld und Fürsorge, der unbegrenzten Fülle inspirieren lassen und lernen, es ihr gleich zu tun.

Nur gilt es jetzt, sie auch wahrhaftig in unser Leben zu integrieren und die Verbindung wieder herzustellen. Zu fühlen und zu spüren. In ihr zu tanzen, zu lachen, mit ihr liebevoll verbunden zu leben. Ein Gefühl für ihre Bedürfnisse zu entwickeln und sie in fürsorglicher Annahme warmherzig zu umsorgen. Ihre Wunden zu stillen, ihre wehen Schreie wahrzunehmen und den Schmerz zu heilen, denn wir alle sind Kinder unserer Mutter Erde.

„Mutter Erde!
Wir ehren Dich wie unsere Mutter.
Wir danken dir für alles Gute, das du uns gewährt hast.
Du bist die Mutter.
Du bist die Mutter der Menschheit." [22]

Glaube

„Alle Dinge sind möglich dem, der da glaubt." [23]

Den eigenen Glauben zu verlieren ist oft Teil des Glaubens und der Aufgabe hier auf Erden. Das genau ist jetzt mein Lernen. Denn zu glauben heißt, zu vertrauen. Sich selbst, dem Höheren, den innewohnenden Gaben und der eigenen Natur.

Gerade jetzt finde ich mich im absoluten Stillstand wieder. Nichts bewegt sich im Außen, nichts bewegt sich so, wie ich es gewohnt bin und es erwarte. Türen bleiben verschlossen. Erwartungen unerfüllt, reine Stille, nackte Klarheit, wilder Tiefgang. Ich atme immer wieder in diesen ungewohnten Zustand, der nur durch absolute Hingabe erträglich ist. Absoluter Stillstand im Außen und sich formende Prozesse im Innen. Unterbewusst arbeitet es in mir und formt sich das, was ich mir im Außen wünsche. Und doch kann ich nicht das Außen ändern. Ich kann es nur in mir wandeln und darauf vertrauen, dass mich meine innere Führung leitet.

Was hat die Stille für mich wieder und wieder als Aufgabe dabei? Als Kind, so erinnere ich mich, war mein größtes Vergnügen, einfach nur still in der Natur zu verweilen und zu beobachten. Die Natur in all ihrer Schönheit in mir aufzunehmen. Es fühlte sich oft an, als würde ich in ihr versinken und ganz mit ihr verschmelzen. Stunden konnte ich mich in ihr verlieren. Tiere bei ihren Geschäftigkeiten beobachten. Wie sie eifrig ihren Dingen nachgingen. Spielerisch sich dem Treiben hingaben. Ohne nachzudenken, welchen Sinn es für sie hatte. Sie waren, so schien es mir, an einen höheren Plan angebunden. An eine für sie auserwählte Aufgabe. Sie machten einfach, ohne es in Frage zu stellen. Ohne sich in Frage zu stellen. Das schien mir außergewöhnlich und doch so einfach. Und so gab ich mich ebenso dem Fluss hin und entdeckte, dass genau in dieser Beobachtung die größten Geschenke auf mich warteten. Denn mein Geist konnte sich beruhigen, nichts stellte mich in Frage, niemand bewertete mein Tun. Ich war einfach nur. Ich erwartete keine großen Wunder oder vorschnelle Änderungen. Es ergab sich aus der reinen Betrachtung des Außen und führte mich unwiderruflich zu meinem inneren Wesenskern. Meinem reinen Sein.

Unbewusst war ich bereits auf den Spuren der Stille gewesen. Dem beruhigenden Feld, das ganz natürlich in mir verankert war. Das wir als reine Seele gespeichert in uns tragen und als Blaupause in jedem Moment auf unser Leben legen können.

Aus diesen wiederkehrenden Erfahrungen der stillen Momente formte sich ein starker Glauben an die Natur und die Kraft, die von ihr ausgeht. An die Wildnis, in der wir unbewegliche Ruhe finden. In der Vertrauen die Sprache der Erde und all ihrer Geschöpfe ist.

> *„Du musst die Dinge mit dem Auge in deinem Herzen ansehen, nicht mit dem Auge in deinem Kopf."*
>
> Lame Deer [24]

Wieder zurück im Jetzt beruhigte sich langsam mein wildes Inneres und es ist schier unglaublich, unwirklich, welchen Einfluss die stille Natur auf mich hat. Bewegungslos sitze ich an diesem Morgen inmitten der Wildnis auf einer abgeschiedenen Parkbank. Ich schaue in die Ferne, die Weite, die vor mir liegt. Beobachte die summenden Geschöpfe um mich herum, wie sie eifrig geschäftig ihren Aufgaben nachgehen. Die Sonne steht präsent am Himmel, es ist warm, fast unerträglich. Im Schatten sitzend schaue ich in die Ferne auf meine kleinen Alpen, das Siebengebirge, das sich vor mir präsentiert.

Alles ist still und doch nicht still, denn die Natur ist immer in Bewegung. Niemals schlafend, nie sich ausruhend, nur stetig in ihrem ganz eigenen Tempo. Fortwährend, unaufhörlich, nicht fragend. Sie bleibt im Fluss, ohne Mühe zu haben. Sie folgt den kosmischen Gesetzmäßigkeiten, dem höheren Plan.

Ich spüre, wie ich neue Kräfte tanke. Wie die Wildnis, die natürliche Energie in mir, alles ausgleicht. In Einklang bringt. Gedanken sind klar und fokussiert und mein Blick, meine Gedanken schweifen zu dem kleinen Mädchen. Meinem neugierigen Mädchen, das mir vor Jahrzehnten dieses wichtige Gefühl als Empfindung daließ.

Glaube an Wunder

Ich glaube, alles ist so, wie es sich uns präsentiert, genau richtig. Es passiert alles im Leben zum genau richtigen Zeitpunkt, nach einer göttlichen Ordnung, die wir unschwer greifen können. Es ist nur unsere Aufgabe, diesem Glauben zu vertrauen, sich ihm hingebungsvoll zu öffnen und die Geschenke und Wunder zu empfangen. Nicht alles fragend zu analysieren, den Kopf zu überlasten, sondern ganz und gar zu erspüren, zu fühlen wohin uns das Leben trägt. Was es für uns bereit hält und dem dann zu folgen.

Glauben heißt auch Loslassen. Von alten Denkmustern, die ausgedient haben. Von alten Überzeugungen, die uns kreisend immer wieder an den alten Ort zurückführen. Sich einzulassen, Neues zu wagen und Ausgedientes zu durchbrechen, scheint mir die Aufgabe.

Gerade im Verlassen des Gewohnten zeigt sich die Kraft deines in dir wohnenden Glaubens. Wie sehr kannst du dich einlassen und den Zustand eines neuen Prozesses in dir aushalten? Wie standhaft bleibst du, wenn das Außen dir ungewohnt befremdliche Musik bietet? Tanzt du diesen neuen Tanz oder fliehst du in den inneren Widerstand?

Schon in der Bibel steht, werdet wieder wie die Kinder. Und ich denke, an ihnen ist es am schönsten abzulesen. Sie hinterfragen nicht das Morgen oder grübeln ständig über das Gestern. Sie sind im gegenwärtigen Moment und bleiben in voller Anbindung an ihren Seinszustand. Spielen, hüpfen, toben. Sie fallen hin, stehen lachend wieder auf, ohne sich zu hinterfragen, ob das nun gut oder schlecht war. Sie bleiben neugierig und wach. Beobachten, lernen, ahmen nach. Nichts bringt sie ins Grübeln. Alles ist richtig und in ihrer Annahme wichtig. Und so glaube ich, ist ein gesunder Weg, wieder sein Inneres Kind, das kindliche Gefühl, zu integrieren. Spielerisch beweglich zu bleiben, loszulassen, um sich auf unwegsam neues Terrain neu einlassen zu können.

Wage das Unbekannte und spring.

Sprache des Herzens – Die Liebe in allem finden

> *„Es ist die Pflicht eines wahren Heilers, eine Brücke zu sein für jene, die nicht sehen können. Du wirst ein Licht in der Dunkelheit sein, im Dienste des Schöpfers und der Geisterwelt, um anderen zu helfen."*
>
> Tom Brown [25]

Wie die Kinder werden wir wieder heil und vollständig, wenn wir die Sprache des Herzens sprechen. Wenn wir einander aufrichtig, voller Liebe begegnen. Uns öffnen, auch wenn der Schmerz der Verletzung tief sitzt.

Wenn ich an die Sprache des Herzens denke, stelle ich mir immer ein bis an den Rand gefülltes Wasserglas vor, das niemals versiegt. In das stetig neues, sprudelndes Wasser nachgefüllt wird. So entsteht ein Überfluss, der wieder und wieder über die Kante des Glases rinnt.

Ebenso ist es mit unserer eigenen Sprache, der Sprache, die aus dem Herzen kommt. Wenn wir dafür Sorge tragen, dass wir selbst an Liebe, Selbstfürsorge, Zuneigung und Achtsamkeit für unser Selbst genährt sind, können wir dem anderen in Fülle und aus tiefstem, reinem Herzen liebevoll begegnen. Denn dann schöpfen wir aus unserem Selbst, aus den eigenen inneren Reserven und sind nicht vom Außen abhängig. Wir gehen aus Liebe in Beziehung und nicht aus falscher Abhängigkeit.

Für mich wurde die Suche ein Akt der Liebe an mich selbst. Ich erlebte, wie heilsam und wertvoll die andächtige Stille für meine Seele war. Welche tiefen Kräfte mir innewohnten, um die aufkommenden Dämonen des Zweifels und der Angst zu besiegen. Die wild gewordenen Dämonen meines Geistes, die zwischen Traum und Realität ihr Unwesen trieben. Die versuchten, meine Aufmerksamkeit auf das Düstere zu ziehen, um in mir mehr Leid zu schüren.

Ähnlich ist es im wahren Leben. Die Dämonen sind allgegenwärtig und versuchen mit aller Macht den Verstand zu lenken. Dich von deinem Herzensweg und deiner herzvollen Sprache abzubringen, um sich selbst zu nähren. Sie schüren all den Zorn, die Wut, den Hass, und treiben ihr Unwesen auf Erden.

Die Frage, die sich daraus ergibt, ist: Möchten wir sie nähren und stärken, oder welchen anderen Weg, welche neue Sprache wählen wir stattdessen?

> *„So vielfältig sind die Wunder der Schöpfung, dass diese Schönheit niemals enden wird. Die Schöpfung ist hier. Sie ist genau jetzt in Dir, ist es immer schon gewesen. Die Welt ist ein Wunder. Die Welt ist Magie. Die Welt ist Liebe. Und sie ist hier, jetzt."*
>
> Indianische Weisheit

Ich erinnere mich an jene Nacht, die ich in meinem Zelt dort oben verbrachte. Es war eine der stillsten Nächte und ich konnte jedes nur noch so zarte Geräusch wahrnehmen. Jedes Knacken ging mir durch Mark und Bein und verunsichert lauschte ich immer wieder in alle Richtungen. Mal waren die Geräusche dumpf und weit entfernt, mal ganz nah. Die Dämonen der Angst hatten mit mir ein leichtes Spiel, denn meine Angst zerrte und kratzte an meinem schwachen Geist. Ich malte mir alle schrecklichen Szenarien in meinem Kopf aus. Bis ins kleinste, düsterste Detail. Aus Angst wurde Panik im Wechselspiel. Ich ließ zu, dass die Dämonen an Macht gewannen, über mich, meinen Geist, und dass ich schwach und mit geöffnetem Verstand machtlos ergeben war. In meinem Schlafsack liegend spürte ich die krabbelnde Angst, wie sie meinen Körper besetzte. Mir wurde heiß und wieder bitterkalt und mein Magen spielte mir übel mit. Mein gesamter Körper zitterte vor Angst. Kalter Schweiß kühlte meinen Körper aus und dennoch glühte mein hoch roter, heiß gewordener Kopf und ließ meinen Verstand sich in alle Richtungen verstreuen. Die Dämonen grinsten hämisch und die Geräusche um mich herum wurden immer lauter. Das Knacken im Unterholz wurde erschreckend lärmend. Ganz nah am Rand meines Zeltes schabte etwas im Boden. Kam näher und kratzte am Stoff. Angstvoll zog ich mir meinen Schlafsack über den Kopf, aber die Laute, die scharrenden Stimmen des Waldes, wurden immer bedrohlicher. Schmatzende Geräusche eines Tieres brachten weitere Unruhe in meinen bereits beklommenen Zustand, und ich spürte nassen tropfenden Schweiß, wie er mir die Schläfe herab triefte.

Die Nacht wurde zu einem wahren Alptraum. Einem selbst gemachten Alptraum. Denn als ich verstand, dass ich diese Macht derer beenden konnte, als ich verstand, wie machtvoll ich eigentlich wirklich war und welche Kraft in mir wohnte, konnte ich dem düsteren Treiben nach und nach ein Ende setzen. Meinen Verstand besänftigen, die wirbelnden Vorstellungen beruhigen. Ich konnte mich durch die reine Kraft des Atems und die Fokussierung meines Geistes in einen neuen Bewusstseinszustand lenken. Meine hämmernden Gedanken mehr und mehr beruhigen und dem Zorn der gehässigen Dämonen standhalten.

Bis all der tosende Zorn verschwunden war, und gemächlich Stille, wahrlich in mir wohnende Stille, meinem Geist die nötige Ruhe schenkte.

Dies wurde für mich zu einer der wichtigsten Botschaften in meinem Steinkreis. Denn ähnlich wie in dieser Nacht, so erkannte ich, spiegelt sich dies in vielen Situationen unseres Lebens wider. Wir werden von Dämonen heimgesucht, die Unfrieden in uns stiften. Die mit unseren angstvollen Gedanken spielen und uns das Gefühl geben, unfassbar klein, unbedeutend und nichtig zu sein. Sie übernehmen, wenn ungebremst, unbeirrt die Führung in unserem Leben. Gewinnen an Macht über uns und verdunkeln, trüben die Sicht auf die gegenwärtige Realität.

Genau dann ist es über die Maße wichtig, den Geist mit der Ausrichtung des Guten zu lenken. Immer wieder fokussiert dem Stand zu halten und liebevoll, hochschwingende Gedanken zu erzeugen. Der Sprache des Herzens Raum zu schenken und sich der ausdehnenden Fülle an Liebe hinzugeben und zu erkennen, wie machtvoll wir in der Stille unseres Selbst sind. Welch wundervolle Geschöpfe wir sind, und mit welcher Anmut wir das Schöne erschaffen können.

Denn eins ist klar, wir sind nicht unsere Gedanken. *„Gedanken sind wie Pfeile: Einmal losgelassen, treffen sie ihr Ziel. Beschütze sie gut, oder eines Tages bist du vielleicht dein eigenes Opfer“*, wie es ein Sprichwort der Navajo-Indianer treffend ausdrückt.

Liebe, Anteilnahme, vollkommene Präsenz, wacher Geist, spüren, fühlen, das sind die Sprachen des Herzens, denen wir vertrauen dürfen und die unsere starke Intuition bekräftigen. Die sie mehren. Denn das Herz spricht immer die Wahrheit, ist rein und klar. Es ist wie ein innerer

Kompass, der uns durch unser Leben führt und leitet, der uns den Weg zeigt, wo unsere Aufgaben liegen. Wo wir hinschauen und loslassen dürfen.

Allumfassende Schönheit wird uns in allem gezeigt, wenn wir wahrhaftig lieben. Und aus dem Gefühl der Liebe heraus, weitet sich der Blick; wir dürfen das Unbekannte entdecken. Es annehmen und lieben lernen.

Loslassen und Neues wagen

Stillstand ist ein wahres Geschenk. Ich erkenne es jetzt erst, denn aus dem Stillstand, aus der Ruhe und der Stille zu mir selbst, werden meine Gedanken leise und meine Empfindungen, mein Fühlen, lauter. Ich schöpfe eine ungeahnte Kraft aus den Tiefen meines Inneren, und in dem Gefühl, am Nullpunkt anzukommen, wird alles neutral. Hat weder das Gute noch das Böse Macht, sondern der neutrale Moment gibt mir die Chance zu überprüfen, wo ich meine Aufmerksamkeit hinlenken möchte. Und dann kann ich mich bewusst für das Gute entscheiden, für die Schönheit des Lebens, für die wahrlich wichtigen Dinge und habe Kraft, mich von meinen inneren Dämonen abzuwenden und wieder ganz bei mir selbst anzukommen.

Ich ziehe Resümee. Das Loslassen, Neues wagen, sich einzulassen, Altes zu verlassen. Der immerwährende Kreislauf ist wie das Leben, wie eine Visionssuche. Es ist im Kleinen, jeden Tag genau dieses tun. Sich von dem zu lösen, was nicht mehr stimmt. Das zu lassen, was mich bedrängt und mich hindert meinen Weg zu gehen. Im Kleinen jeden Tag und im Großen mein ganzes Leben. Wir kommen, machen Erfahrungen, lieben, atmen, leben, weinen, lachen, sind wütend, ängstlich, verlieben uns, trennen uns, gehen und bleiben, bis wir Abschied nehmen dürfen.

Halten wir also nicht fest an eingetretenen Pfaden, sondern lassen uns auf unwegsame Abenteuer ein. Lasst uns was wagen, das Neue lieben lernen und das Leben entdecken. Die prachtvolle Schönheit der Natur wieder entdecken und eins werden mit der Liebe, die in allen Momenten wohnt. Lasst uns Frieden stiften im Geiste, jeder für sich. Gebt einander die Hand und vergebt dem Moment, der Unfrieden stiftete. Der den Geist schwächte und den Zorn der Dämonen entfachte. Geht still und leise und werdet gewaltig laut, denn das ist das Wechselspiel des Lebens. Die Balance, das Gleichgewicht zu halten. Für sich selbst und im Miteinander. Das Leben ist jetzt, drum lebt los und wartet nicht auf das Morgen, das nie kommen wird. Denn jetzt ist die Zeit wahrlich zu lieben und Altes gehen zu lassen. Sich nicht am Groll der Ahnen aufzuhängen und nachtragend, verbittert bittersüße Wut zu schlucken. Denn diese Wut trinken wir selbst und vergiften uns an ihr. Hütet die Gaben der Natur und geht sorgsam mit ihr um. Denn sie ist unser zu Hause, unsere Mutter Erde.

Lasst los und wagt es. Jede Sekunde, jede Minute, jede Stunde, auf ewig.

Aufbruch ins Neue – das Unbekannte lieben lernen

Die Reise zu mir Selbst war das größte Geschenk an mich selbst. Ich suchte nach mir und zerbrach. Ich verbarg meine Schönheit und verstellte mich. Ich verlor jeden Glauben an mich und kehrte zurück. Ganz ich, ganz nah, roh und berührbar. Ich fand neuen Mut in der Einsamkeit. Eine Vision für mein Leben und eine Lektion, die niemals in Vergessenheit geraten wird.

Manchmal müssen wir zerbrechen, um neu zu werden.

In der Stille fand ich Antworten, fand meine Aufgabe und mein Warum. In der Stille fand ich mein kindlich zartes Wesen, fand ich zurück zu Gott. Lernte mich und meinen Körper lieben, lernte wieder sanftmütig und achtsam mit mir umzugehen. Ich entdeckte meine verloren geglaubte Heimat wieder. Die Natur, den Wald und das vollkommen Natürliche. Ich heilte mich und mein inneres Kind, heilte die Beziehung zu meinen Mitmenschen. Lernte meine wahre Kraft kennen und die Geheimnisse meiner Aufgabe. Lernte wieder zu vertrauen und mich dem Leben vollkommen hinzugeben.

Wenn ich´s nicht wage, werde ich´s nicht wissen.

Unsere Aufgabe hier auf Erden wird uns fordern und uns immer wieder auf den Prüfstand stellen. Gefühle wie Angst, Wut oder Selbstzweifel werden für einen kurzen Moment zunehmen, bis wir ganz an den für uns stimmigen Plan angedockt sind. Und genau dann gilt es beharrlich dranzubleiben, uns Hilfe bei Menschen zu suchen, die an uns glauben, uns in unserem Sein unterstützen, die uns Mut zuflüstern und uns mit einem liebevollen Lächeln wieder emporheben.

Glauben wir an unsere in uns wohnende Macht, das Größte aus uns herauszuholen. Vertrauen wir in die Anbindung zu Gott, geben wir uns dem Nichtwissen, dem Unbekannten hin, sorgen wir gut für uns, unseren Körper und unser fühlendes Wesen. Behalten wir den Fokus und hissen die Segel in Richtung Neuanfang.

Wir sind immer beschützt und werden getragen, wenn das Leben uns Steine in den Weg legt. Nehmen wir sie liebevoll an und danken für die neuen Möglichkeiten der Veränderung, des Wachstums und der Herausforderungen. Gott möchte das Größte aus uns herausholen und weiß um unsere in uns wohnenden Gaben. Er liebt uns und wir werden hinter uns blicken und verstehen, warum Momente, Menschen, Phasen, Aufgaben, tiefe Täler und große Höhen in unserem Leben waren.

Gehen wir jetzt, denn wir gehen niemals allein!

Was ist für dich ein gut gelebtes Leben?

Das Leben ist wie eine bunte Zugfahrt. Menschen steigen ruhig oder vollkommen hektisch gestresst ein, bleiben oder verlassen den Zug wieder. Mal nehmen sie wahr, was um sie herum passiert, tauchen mit ihrer eigenen Musik in den Fluss des Lebens ein. Sind beschwingt, heiter, sensibel achtsam im Miteinander. Tänzeln liebevoll umher und hinterlassen wundervolle Momentaufnahmen. Bleiben umarmend am Bahnsteig stehen, tief sich einander in die Augen blickend und lassen sich nicht vom Äußeren beeindrucken. Nehmen Abschied voneinander in fürsorglicher Nächstenliebe. Lachen beschwingt herzlich und vergessen ganz Raum und Zeit. Wirken spielerisch ausgelassen und umarmen das Leben.

Und mal sind sie traurig berührt, in sich gefangen und wandern haltlos auf ihrer Reise umher oder schreien tobend tosend, gefangen im eigenen Schicksal einander an. Hetzen plump durch die Massen ohne Rücksicht auf den anderen. Steigen missmutig keifend ein und verharren in ihrem eigenen Zorn. Eilen hektisch hintereinander her in verärgerter Haltung oder apathischer Gleichgültigkeit.

Auf den einzelnen Gleisen müssen wir uns immer wieder neu entscheiden, welche nächste Fahrt wir antreten. Wir dürfen uns überraschen lassen, was uns auf dem neuen Abschnitt unserer Fahrt erwartet. Welche neuen Fahrgäste einsteigen oder uns entgegentreten.

Auch hier ist immer wieder unser Selbst angesprochen, achtsam zu wählen. Mit Bedacht zu entscheiden, mit welchem Gefühl wir einsteigen möchten.

Jeder Bahnhof erwartet uns mit neuen Überraschungen. Ist entweder pompös zurecht gemacht oder unansehnlich miefend, stinkend dreckig. Mal macht er die Suche nach dem nächsten Zug unendlich schwer und mal geht es wie von Zauberhand kinderleicht.

Züge fallen aus, verspäten sich oder werden durch andere Züge ersetzt. Wir haben die Wahl, wie wir darauf reagieren. Der Zug jedoch fährt unbeirrt einfach weiter. Es ist ihm egal, was passiert. Ob wir ihn noch erreichen oder ihn verpassen. So wie dem Leben. Das Leben wird weitergehen. Egal wie wir uns entscheiden werden. Ob wir das Größte aus unserer Zugfahrt herausholen, Menschen liebevoll in unsere Welt einladen, sie Anteil nehmen lassen, oder ignorant egoistisch, gar starrsinnig unsere Fahrt antreten.

Wie sieht unsere Zugfahrt aus?

> *„Ein Traum ist nichts anderes als eine mögliche Wirklichkeit, die nur darauf wartet, dass sie stattfinden darf."*
>
> John Strelecky. [28]

Für mich ist ein gut gelebtes Leben, jeden neuen Moment, wieder und wieder einander in Liebe zu begegnen. Frieden zu stifteten und achtsam mit mir und meinem Gegenüber zu sein. Die Fülle der kostbaren Möglichkeiten zu nutzen. Menschen in mein Leben einzuladen, für sie zu sorgen, mich mit ihnen in tiefer Verbundenheit auszutauschen und zu verbinden. Ehrliche Werte zu leben, in Wahrhaftigkeit und Reinheit zu berühren und für dieses schöpferische Leben zu inspirieren. Unsere wundervolle, grenzenlos schöne Natur zu schützen. Die Kostbarkeiten der Erde zu entdecken und mich neugierig wie ein Kind am Leben zu erfreuen. Nicht über meinen Nächsten zu urteilen, anzunehmen was ist und das Größte aus dem gegenwärtigen Moment herauszuholen. Mich weniger an materiellem Ballast zu binden, viel mehr im Augenblick zu sein. Für alles, was mir widerfährt, dankbar zu sein und in Liebe anzunehmen, was ist. Mir meine Wünsche und Träume zu erfüllen und sie greifbar lebendig werden zu lassen. Dafür wenn nötig zu kämpfen, um das größte Potential in mir zu entfachen. Jeden neuen Tag mit dem möglichst schönsten Gedanken zu erwachen und den Tag im Gebet an Gott zu beginnen. Mir und anderen Menschen zu vergeben, wenn nötig neue Wege zu gehen, um aufrichtige Herzensverbindungen zu erschaffen. Und jeden Tag mein schönstes Lächeln aufzusetzen.

> *„Lasst uns gut leben, damit wir verdammt nochmal gut sterben können."*
>
> Jonny Depp [29]

Epilog

Die Vision ist eine Botschaft des Höheren.

Mute dich anderen zu, trau dich anders zu sein, dich neu zu erleben, dich neu zu entdecken. Du bist einzigartig. Trau dir das Größte zu. Gehe mutig neue Wege, ebne neue Pfade für dein Leben. Bleibe standhaft und klar, immer auf das Lichtvolle ausgerichtet. Habe klare Pläne, um neue Ziele umzusetzen. Frage um Hilfe, wenn das Leben dir schwer erscheint. Stehe immer wieder für dich auf. Halte dich gesund, deinen Geist klar und deinen Körper vital. Ernähre dich mit lebendiger Nahrung, die deinen Körper stärkt. Mache Pausen und halte das Leben bei Zeiten an, um wieder kraftvoller in das Neue aufbrechen zu können. Gebe deinen Gefühlen Raum und durchlebe sie. Halte Ausschau nach dem Guten. Finde zurück zu Gott und seiner unsäglichen Liebe. Vertraue in das Leben, dass alles zum genau passenden Zeitpunkt für dich da ist. Handle und komm ins Tun, auch wenn es sich gerade nicht danach anfühlt. Motiviere dich selbst. Sei gut zu dir und beschütze was du liebst. Nimm dir Zeit für die wirklich wesentlichen Dinge in deinem Leben. Sei unbändig, frei und einfach anders. Tue Dinge, die du liebst und mach sie aus vollem Herzen. Finde Klarheit für dein Leben. Finde dich selbst und lass dich nie wieder los. Werde die, die du bist. Erkenne das Glück in den kleinen und kostbaren Momenten. Lenke die Aufmerksamkeit nach innen. Mach alles in deinem Tempo. Finde dich selbst in den tiefsten Tiefen. Sei freundlich mit dir und deinen Mitmenschen. Nähre deine Gedanken mit dem Guten. Finde durch Dankbarkeit inneren Frieden. Bleibe verbunden mit dir. Schätze die Natur und ihre Wesen. Sei achtsam. Atme. Suche bewusst Momente der Stille. Erblühe zu dem Menschen, der du sein sollst und lass dein Licht hell leuchten.

In der Stille meines Herzens liegt eine Ordnung, die mir den Weg weist.

Der Norden ist mein Schatten, ihm werde ich begegnen und an ihm wachsen. Der Osten die Einsicht und Klarheit für meinen Weg, das kindlich Neue. Der Süden ist meine Fahrt ins Tal, mein leuchtend grüner Untergrund, weit und offen, strahlend und schön.Der Westen ist die Weitsicht, mein Weg ins neue Unbekannte.

Gib dich dem Nichtwissen hin.

Danksagung

In tiefer Demut und Dankbarkeit verneige ich mein Haupt vor diesem Wunderwerk Leben, vor Gott, vor all dem, das mir widerfahren ist. Ich bin tief dankbar, dass ich meinen Wald wiedergewonnen habe, dass ich die Wunder des Waldes wieder erleben darf und die Kraft und Magie spüren kann, die der Wald, die Natur in mir auslöst.

Zutiefst danke ich meinem Mann Christoph, der unbeirrbar an mich geglaubt hat. Ich danke für deine Liebe und Wertschätzung, danke dir für die gemeinsamen Höhen und Tiefen, die uns nur noch stärker gemacht haben. Gemeinsam können wir alles schaffen. Du bist mein Anker, mein Fels und mein Hafen. Ich liebe dich von ganzem Herzen. Ich danke meinem Sohn Louis und meinem Sohn Anton für die immer wiederkehrende Aufforderung zu Spielen. Das Leben spielerisch leicht zu sehen und das Abenteuer Leben in vollem Umfang auszukosten. Ich danke meiner Mutter Uta und meinem Vater Christian, für die Liebe und den Glauben an mich. Für ihre Geduld mit mir und die lange Reise zu tiefer Heilung. Ich danke meinem Bruder Jan, immer wieder die Guten Seiten zu sehen und dem Leben mit Freude zu begegnen. Ich danke meiner wundervollen Oma Erika, für die Liebe, die Warmherzigkeit und ihre aufopfernde Fürsorge. Ich danke meinem Opa Karl für die unglaublich märchenhaften und phantasiereichen Geschichten, die er uns Kindern immer erzählte. Ich danke meiner wundervollen Tante Anne. Du bist der Engel in meinem Leben, meine

Seelenfreundin. Ich danke für die Verbindung und deine so liebevoll positive Art, mit dem Leben spielerisch und in Leichtigkeit umzugehen. Ich danke meiner großen Familie für Liebe, Wertschätzung, Vertrauen, Freude und Leichtigkeit. Ich danke meiner wundervollen Freundin Carina für die so lange, tiefe und verbundene Freundschaft. Dass du mich in all meinen Phasen, durch alle Stürme begleitet hast. Für deine Liebe und Wertschätzung und deine strahlende Lebensfreude. Ich danke dir lieber Markus für den Glauben an mich und die lange und schöne Freundschaft. Ich danke meiner Freundin Kim, für die Wiederentdeckung meiner Liebe, selbstfürsorglich mit mir selbst zu sein. Für deine so wundervoll strahlende Art und deine positive Ausrichtung auf das Leben. Ich danke meiner Freundin Nicole für den gemeinsamen Weg, egal in welchen Zeiten. Für dein Zuhören und Bestärken in dem, was ich tue. Für dein wundervolles Lachen und den Glauben an große Träume. Ich danke meiner lieben Freundin Julia. Du hast mich immer wieder beflügelt und bestärkt, hast mich mit deiner so liebevollen Weise genährt und mir Gott auf eine wundervolle Art nähergebracht. Ich danke dir liebe Manuela, du bist der lockige, wilde, liebevolle, zerbrechliche, unbesiegbare, humorvolle Engel. Deine weiche Macht hat mich beflügelt, mehr Frau zu sein, und zu mir und meiner Weiblichkeit vollumfänglich Ja zu sagen. Liebe Jana, du wundervolle Seele, du strahlendes Wesen. Ohne dich hätte meine Reise als Autorin nicht zu diesem liebevollen Verlag gefunden. Lieber Walter, ich danke dir aus tiefstem Herzen. Deine so warme, wundervolle Art ist herzerwärmend, du hast mir die Schönheit für das Leben wieder geschenkt.

Ich bewundere deinen Schöngeist und deine Liebe zu deinem wundervollen Handwerk. Liebe Ute, ich bin dankbar, dass du in meinem Leben bist. Du bist die gute weise Fee und inspirierst mich immer wieder aufs Neue mit deiner Weisheit, deinen Geschichten und deiner so liebevollen anmutigen Art. Ich danke dir liebe Barbara, dass du mich immer wieder daran erinnerst, dass alles bereits in uns steckt und wie ein Schatz geborgen werden darf. Ich danke dir, lieber Tom, für deine Liebe zum Kampfsport. Du hast mir diese Welt auf eine wundervolle Weise nähergebracht. Ich danke meiner lieben Freundin Mira, dass du mich gelehrt hast, richtig zuzuhören. Danke für deine Energie und deine vielen Inspirationen. Ich danke dir, lieber Oliver, für deine kindliche Leichtigkeit, dein beschwingtes, liebevolles Sein und die wundervoll tiefen Gespräche. Ich danke meiner Freundin Maja, du hast immer das Beste in mir gesehen und mich ohne Umschweife in all meinem Tun bestärkt. Liebe Andrea, wenn ich an dich denke, fällt mir gleich ein, das Glück klopft an. Danke für die noch zarte und kostbare neue Freundschaft. Bei meiner ersten Lesung gabst du mir das tiefe Gefühl, das darf jetzt in die Welt. Martin, du Engel auf Erden, mein Buddy seit unserer Begegnung im Schwarzwald. Danke für dich, von ganzem Herzen, denn ich spüre deine Verbindung, egal in welchem Moment. Liebe Sabine, ich bin dankbar für unsere Verbindung. Ich liebe deine kindlich verspielte Art, deinen wundervollen Humor und deine so tiefe inspirierende Haltung dem Leben gegenüber. In einer tiefen Stunde schenktest du mir die wichtigste Erkenntnis für mein Leben. Von Herzen Danke. Ich danke meiner Visionsschwester Jordana. Du hast mir das Weibliche wieder geschenkt. Mir den zarten Kern meiner Selbst gezeigt. Ich danke dir liebe Johanna, du bist eine so inspirierende, feinfühlig zarte und vor Kraft und Energie strotzende Frau. Ich habe Hochachtung vor dir und deinem Leben, dass du diese wundervolle Reise so vielen Menschen ermöglichst und damals mit deinem Mann ins Leben gerufen hast. Ich danke dir, liebe Jula, für diese mütterlich fürsorgliche Begleitung auf der wichtigsten Reise meines Lebens. Ich danke all den wundervollen, mutigen, heldenhaften Frauen meiner Reise, die zu Schwestern wurden. Ich danke Renate für ihre wundervolle Begleitung. Du hast mich wieder mit Gott verbunden und mir in einer meiner krisenreichsten Zeit neuen Lebensmut eingehaucht. Liebe Theresia, ich danke dir für den Glauben an mich und die Möglichkeit, mein Werk nun in die Welt zu geben. Ich danke all meinen Freunden in meinem Leben. Ohne eure liebevolle Unterstützung wäre ich nicht da, wo ich jetzt stehe. Ich bin dankbar für alle Menschen in meinem Leben, die gekommen und auch wieder gegangen sind. Die mich zu der gemacht haben, die ich jetzt bin. Ich danke allen herausfordernden Zeiten, sie haben mich stärker werden lassen. Ich danke all den Wundern in meinem Leben und ich danke Gott für mein Leben, und dass ich genau hier und jetzt für das aufstehe, was du mir auf mein Herz gelegt hast.

Stillemeditation

Wenn Stille zu mir findet, kann Heilung entstehen. Nimm dir heute einen Moment der Stille. Ganz bewusst. Nimm dir die Zeit für dich und du wirst das Geschenk der Stille entpacken und feststellen, dass dahinter etwas Großes auf dich wartet.

Frieden. Innerer Frieden, der aus deinem inneren Reichtum erwächst.

Über die Autorin

Catherine Eschweiler, geboren 1982, arbeitet als selbstständige Designerin. Sie ist Mutter von zwei Kindern und lebt im schönen Siebengebirge. Durch ein gesundheitlich einschneidendes Erlebnis krempelte Catherine ihr Leben um, fand den Weg wieder zu sich und ihrer geliebten Natur und folgt ihrer Berufung als Wegweiserin.

In einer Umschulung zur ganzheitlichen Gesundheitsberaterin lernte sie Wege für Heilung kennen. Ihre Vision ist es, so viele Menschen wie möglich auf ihrem Weg dabei zu begleiten, sich von ihren emotionalen Blockaden zu befreien und sich wieder mit sich und der Natur zu verbinden. Als Designerin begleitet Catherine zudem Menschen, in ihre Sichtbarkeit zu kommen und ihnen ein authentisches Gesicht nach außen zu geben.

Ihr größter Antrieb ist, zur Heilung von Mutter Erde beizutragen und immer wieder dafür zu inspirieren, wie wertvoll und kostbar die wilde Natur für uns ist. Dies ist ihr erstes Buch und berichtet von einer authentischen Erfahrung über eine Visionssuche im Tessin, die ihr Leben grundlegend veränderte.

Und wenn auch du dich von festgefahrenen, eingeschlossenen Emotionen lösen möchtest, dann besuche gern ein Coaching bei Catherine. Du findest sie unter **www.lebeliebeatme.de** oder folgst ihr auf instagram unter **@lebeliebeatme**. Dazu bietet dir ihr Podcast „balance yourself" viele spannende Interviews rund um das Thema ganzheitliche Gesundheit. Hör doch gleich mal rein.

Als Designerin begleitet sie dich zudem dabei in dein wahres Potential zu kommen und gibt deiner Idee, deiner Vision ein klares Gesicht. Du findest sie unter **www.rheinatelier.com**

Was ist eine Visionssuche?

Die Visionssuche oder Vision Quest ist ein Initiationsritual mit dem Ziel, deinen "Seelenauftrag" zu finden. Die Visionssuche hat die Kraft, Klarheit, Sinn und Bedeutung zurück in dein Leben zu bringen. Sie ist eine Initiation in deinen Seelenpfad und für ein authentisches Erwachsensein. Sie ist eines der kraftvollsten Werkzeuge, deinen inneren Schöpfer zu erwecken, damit dein tiefster Traum zu deiner Wirklichkeit wird.

Über Johanna Tiefenbeck:

Johanna ist 1953 in Niederbayern geboren und auf dem Land aufgewachsen. Ihr Gottesbild war ein richtender, strafender Gott und es hat eine Weile gedauert, bis sie die Liebe in ihrem Herzen fand. Auf ihrem Weg ist sie vielen verschiedenen Lehrern begegnet,- einige hinterließen besonders tiefe Spuren in ihrer Seele.

Ihre Wegbegleiter:

Ihre Eltern, die ihr das Leben und die Liebe zur Natur schenkten.
Ihr Sohn, der sie lehrte zu lieben.

Jesus Christus, dem ersten Schamanen in ihrem Leben, dessen lebendiger Geist sie seit ihrer Kindheit begleitet hat. Er sagte: „Wenn du aus Zweien Eins machst, und wenn du das Innere wie das Äußere und das Äußere wie das Innere machst und das Oben wie das Unten und wenn du aus dem Männlichen und dem Weiblichen ein und das selbe machst, wirst du Einkehren in das Königreich Gottes."

Ihr Mann Tom Hamann, der seit über 30 Jahren jeden Tag seine Träume und Visionen, seine Herzensarbeit und seine wunderbare Liebe mit ihr teilte und viel zu früh von uns gegangen ist.

Schamanen auf meinen Reisen in Peru, Brasilien, Mittelamerika und Korea

Wenn ihr nun auch Lust verspürt, an einer Visionssuche teilzunehmen, dann kontaktiert gern die wundervolle Johanna Tiefenbeck von Turya.

Für mehr Infos **www.turya.eu**

Quellenverweise

[1] *Krafttier Mäusebussard* von Kathrin Sieder, www.kathrinsieder.at/krafttier-maeusebussard
[2] Tsultrim Allione: *Den Dämonen Nahrung geben*, Arkana Verlag, 2008 erste Originalausgabe, 2009, München, 4. Auflage
[3] Laotse
[4] Bill Jolte Taylor, Beitrag: Die 90 Sekunden der Gefühle, gefunden auf der Website www.kaliayoga.ch/de/blog/kalia-yoga/2019-04-05-die-90-sekunden-der-gefuehle
[5] Tom Hamann, www.turya.eu/visionssuche, Video, Sequenz 0:55
[6] Tom Brown: *Das Vermächtnis der Wildnis*, Ansata Verlag, Interlaken, 1992, 2. Auflage
[7] Johanna Tiefenbeck,
[8] Aldous Huxley
[9] Ulrich Emil Duprée: *Ho'oponopono*, Schirner Verlag, 2011, 1. Auflage
[10] Johanna Tiefenbeck
[11] Billy Mills, Indiandische Weisheit, www.coachinglovers.com/weisheiten/indianische-weisheiten
[12] Osho
[13] Navajo Indianer, Indiandische Weisheit, Zeremonialgesang der Navajo
[14] Bibel Jesaja 60,1
[15] Glennon Doyle: *Ungezähmt*, Rowohlt Taschenbuch Verlag, Hamburg, 2020, 10. Auflage
[16] Tom Brown: *Das Vermächtnis der Wildnis*, Ansata Verlag, Interlaken, 1992, 2. Auflage
[17] Bibel, Markus 4
[18] Philosoph und Pädagoge Andreas Tenzer
[19] Reinhold Messner
[20] Indianische Weisheit, Unbekannt
[21] Qwatsinas Hereditary Chief Edward Moody, Nuxalk Nation
[22] Indianische Weisheit
[23] Bibel, Markus 9,23
[24] Lame Deer, Lakota-Sioux, 1903 - 1976
[25] Tom Brown: *Friedvolle Krieger der Wildnis*, Ansata Verlag, Interlaken, 1996, 1. Auflage, Tom Brown: *Das Vermächtnis der Wildnis*, Ansata Verlag, Interlaken, 1992, 2. Auflage, Tom Brown: *Großvater*, Ansata Verlag, Interlaken, 1994, 1. Auflage
[26] Indianische Weisheit, Irokesen Indianer
[27] Sprichwort der Navajo-Indianer
[28] John Strelecky
[29] Johnny Depp, Film *The Professor*, Leonine Studio, 2020, inspiriert von den Schriften von Sandra Rooney, aus dem Buch: *Seid still und erkennt dass ich Gott bin*, Aussaat Verlag, 2008, 1. Auflage, inspiriert von den Schriften von Tom Brown: *Das Vermächtnis der Wildnis*, Ansata Verlag, Interlaken, 199